대학 명강의

핵전쟁은 일어날까

대학 명강의 **핛전쟁은 일어날까**

핵무기에서 핵전쟁까지,
당신은 하루 만에 핵무기 전문가가 된다

지 은 이 | 조경근

초 판 1쇄 인쇄 | 2016년 3월 10일
초 판 1쇄 발행 | 2016년 3월 14일

펴 낸 이 | 송수건
펴 낸 곳 | 경성대학교 출판부
출판등록 | 1985년 1월 28일 제331-1985-000001호
주 소 | 부산광역시 남구 수영로 309(대연동)
전 화 | (051) 663-4195
팩 스 | (051) 663-4199
홈페이지 | press.ks.ac.kr

*잘못된 책은 구입하신 서점에서 바꾸어 드립니다.

ISBN 978-89-731-4288-0 03340

대학 명강의

핵전쟁은 일어날까

핵무기에서 핵전쟁까지,
당신은 하루 반에 핵무기 전문가가 된다

| 조경근 지음 |

경성대학교 출판부

for

Urim and Thummim

| 책을 만들며 |

핵무기 특강을 시작한지는 30년이 넘고, 대학에서 정식으로 핵무기를 강의한 것은 10년쯤 됐다. 핵무기 교양강의 개설은 한국 대학에서 처음이고, 확인해보지는 않았지만 아직도 유일하지 않나싶다. 다행히 인기가 높다. 한 해의 수강생 수가 약 천 명인 적도 있다. 학생들의 열의에 감탄하고, 고마운 마음이 정말 크다.

핵무기는 무서우면서도 흥미롭다. 1990년대 초, 북한의 핵무기 개발이 알려지면서 국내에서도 핵무기에 대한 관심이 높아졌다. 그 후, 단 하루도 핵무기 얘기가 언론에서 빠진 적이 없다.

그런 반면, 핵무기에 대해서 정확하고 자세한 얘기를 들을 곳이 없다.

책은 세상을 알게 해준다. 특히, 전문가들이 쉽게 쓴 책은 짧은 시간에 많은 것을 알게 해준다. 그리고 고수의 책일수록 참 쉽다. 전체를 파악하고 있어서, 적절한 예를 들며 알기 쉽게 설명한다. 수업을 들은 학생들은 핵무기 전문가가 다된 기분이라고 한다. 이 책은 인류와 전쟁, 무기의 역사, 핵무기, 핵이론, 핵정책, 핵 실상 등을 두루두루 얘기하고 있다.

책의 부제목이 도전적이다. '하루 만에 당신은 핵무기 전문가가 된다.' 그런데 맞는 말이다. 내게도 그런 경험이 있다. 처음 접하는 분야의 책인데, 잡고 보니 술술 읽힌다. 200페이지가 넘는 책을 하루도 아닌 한 두 시간 만에 다 읽고 참 많은 것을 배운다.

나도 술술 읽히는 책으로 만들려고 애썼다. 하루면 충분하다. 읽고 나면 핵무기에 대해 상당한 식견을 가지게 될 것이다. 모든 인류가 예외 없이 함께 살고 있는 바로 그 핵무기를 제대로 알게 되는 건 멋진 일이다.

책 만들기의 의논 단계부터 힘이 되어준 손희곤 팀장과 경성대학교 출판부가 고맙다. 책을 읽을 독자들께도 미리 감사드린다.

2016년 3월 14일

저자 조 성 근

목차

목차

문명과 전쟁

01
핵 스토리텔링

프로메테우스의 불과 핵무기

오해되거나 오용되지 않을 수 있는 것은
이 세상에 아무 것도 없다.
– 알프레드 노벨 Alfred Bernhard Nobel

프로메테우스의 불

그리스 신화에 제우스가 감추어 둔 불을 프로메테우스Prometheus가 훔쳐 인간에게 건네준 얘기가 있다. 인간은 이 불을 이용해서 문명을 건설했다. 불을 가지고 무기와 각종 연장을 만들고, 추위를 이기고, 갖가지 필요한 기술들을 개발했다.

불을 도둑맞은 제우스는 판도라Pandora라는 여성을 만들어 프로메테우스에게 보냈다. 프로메테우스의 동생 에피메테우스Epimetheus는 형의 만류에도 불구하고 판도라를 아내로 삼았다. 이후 인류의 불행이 시작된 판도라 상자 사건이 일어났다.

제우스는 프로메테우스에게 벌을 내렸다. 코카서스의 바위에 쇠사슬로 묶여, 매일같이 낮에는 독수리에게 간을 쪼아 먹히고, 밤에는 간이 회복되는 영원한 고통을 겪게 되었다.

신화와 핵무기

제우스는 왜 프로메테우스에게 화가 났을까? 그 이유에 대해서 우리도 그럴싸한 얘기를 지어낼 수 있다.

프로메테우스가 제우스에게 워낙 밉게 보인 일이 있었는데 불 사건으로 딱 걸렸다는 얘기를 만들 수 있다. 제우스가 인간 세상에 불행을 퍼뜨리고 싶었는데 직접 그 일을 하기는 신들의 대장으로서 체면이 안서서, 불과 판도라와 에피메테우스가 동원되는 기획을 했다는 얘기를 만들 수도 있다.

하버드대학교 핵 연구단은 신의 소유이던 불을 감히 인간이 가지게 한 것이 극심한 고통의 벌을 받은 이유라고 적고 있다.[1)]인간 전체를 한꺼번에 동시에 죽이는 일은 신에게 속하는 일이다. 인간은 스스로 동시에 한꺼번에 죽을 능력이 없다.

그런데 핵무기는, 인류가 정말로 원한다면 동시에 집단자살을 할 수 있는 수단이 된다. 핵무기로 인해서 인간이 신의 능력을 갖게 된 것이다. 그래서 프로메테우스처럼, 핵무기가 사용되면 지옥 같은 고통이 따르고 사용되기 전에는 핵무기에 대한 공포에 시달린다는 스토리텔링이다.

체르노빌 원전 참사

'엑스파일'The X-files은 오래 전에 방영된 미국드라마다. FBI요원인 멀더와 스컬리가 미스터리한 초자연적 사건을 추적해가는 내용이다. 오래 전에 봐서 기억이 정확할지 모르겠다.

대도시의 땅 밑, 어마어마한 규모의 하수관을 청소하러 들어간 인부들이 등에 큰 구멍이 난 시체로 발견된다. 시체는 몸속의 것이 없어진 빈껍데기 상태다. 결국, 하수도 안에 살고 있는, 머리에 눈, 코, 귀는 없고 커다란 입만 달린 괴물의 짓으로 밝혀진다. 그리고 이 괴물은 체르노빌 원자력발전소 폭발사고가 사람의 DNA구조를 변경시켜 탄생했다는 설정이다.

체르노빌 원전 참사는 그 피해가 엄청나게 컸을 뿐만 아니라, 사람이 흉측한 괴물로 변한 얘기를 만들만큼 끔찍했다. 체르노빌 원전 폭발은 1986년 4월 26일 1시 24분에 일어났다. 체르노빌 원전은 옛 소련의 도시 체르노빌에서 북서쪽으로 약 18km 떨어진 곳에 있었다. 지금은 우크라이나와 벨라루스 국경 근처에 있는 도시다.

사고 당시 네 개의 원자로가 가동 중이고 두 개를 더 짓는 중이었다. 가동 중이던 4호기 원자로에서 비정상적인 핵반응이 일어나고 여기서 발생한 열 때문에 원자로 안에서 폭발이 일어났다.[2] 폭발로 인해서 4호기의 천장이 파괴되고, 파괴된 천장을 통해서 방사능 물질이 누출됐다. 원전 사고의 등급 중 최고 단계인 7등급 사고로 기록되었다.[3]

1995년 우크라이나의 '방사선 보호를 위한 국가위원회'의 추산에 따르면 5,772명이 목숨을 잃은 것으로 집계됐다. 사고 후 2년 동안 22만6천 명의 작업자들이 누출 방지와 방사능 처리 작업에 투입됐는데, 스위스 외교부의 스위스개발협력청Swiss Agency for Development and Cooperation은 이들 중에서도 25,000명이 사망했다고 보고했다.[4]

후쿠시마 원전 사고

2015년 가을 후쿠시마를 찾은 폴란드 사진작가 알카디오 슈포드니신스키는 "이 곳의 시간만이 멈춰있다."는 가슴 아픈 말을 남겼다.

정확한 사고 명칭, '후쿠시마 제1원자력발전소 사고'에 대해 우리 한국인들의 우려가 큰 것은 바로 옆에서 터진 재앙이기 때문이다. 후쿠시마 재앙은 체르노빌 참사 외에 유일하게 등급 7단계를 기록한 엄청난 사고다.

사고는 수년이 지난 지금도 여전히 현재진행형이다. 후쿠시마와 인근 수산물에 대한 거부감, 일본 동북부 여행을 피하려는 정서는 아직도 남아있다. 이런 막연한 얘기 말고, 새로운 사실과 피해들이 지금도 일본 언론에 의해서 속속 드러나고 있다.

2015년 10월 19일자 요미우리신문은 사고 당시 2호기뿐만 아니라 3호기에서도 방사능 물질이 대량 방출되었을 가능성이 높다는 연구결과를 보도했다. 도쿄신문은 2013년 9월 11일 기준으로 사고 관련 사망자가 910명에 달한다고 보도했다. 일본 오카야마대학 쓰다 도시히데 교수 연구팀은 '2011~2014년 후쿠시마현 18세 이하 주민의 초음파검사를 통해 확인된 갑상선암'이라는 제목의 논문에서 후쿠시마 원전 사고 피해지역의 미성년자 암 발병률이 일본 평균의 30~50배에 달한다고 발표했다.[5)]

사고 경위를 요약해보자. 2011년 3월 11일 도호쿠 지방 태평양 해역에서 진도 9의 지진과 지진 해일이 일어났다. 높이 13~15m의 지신 해일이 발전소를 덮치면서 지하에 설치된 비상용 디젤 발전기가 침수, 정지했다. 이 때문에 원자로를 냉각시키는 냉각수 펌프 가동이 불가능해지고 냉각수가 급속히 증발하면서 원자로 내부 온도와 압력이 상승했다. 원자로 노심 온도가 섭씨 1,200도까지 오르고 수소폭발이 일어나 격납용기가 손상되면서 방사능이 대기로 유출된 것이다.[6)]

원전 사고와 프로메테우스의 고통

2015년 10월 현재, 한국이 가동 중인 원자로는 23기, 전 세계적으로는 640기다. 중국이 현재 가동 중인 원전은 25기이고, 2030년까지 110기 이상의 원전을 가동할 전망이다.

후쿠시마 사고 이후 원전 건설 중단과 대체에너지 개발 쪽으로 방향을 트는 듯 했던 세계적 흐름이 다시 원전 건설 쪽으로 가고 있다. 원전 국가들은 안전을 위한 노력을 더욱 철저히 하겠다고 말하지만, 수가 많아질수록 사고 확률은 더 높아진다.

체르노빌과 후쿠시마 원전 사고는 인류사회가 맞게 될 재앙에 대한 예고편처럼 보이기도 한다. 낮에는 간을 쪼아 먹히는 극심한 육체적 고통, 밤에는 그 간의 재생을 보면서 다시 당할 고통으로 인한 정신적 고통이 끊임없이 반복되는 신의 징벌이 핵이라는 불로 인해 인간에게 주어져 있는 것이다.

문명이 잉태한 고통, 뜨거운 불 위에 올려진 물속에서 유유히 헤엄치는 개구리가 물이 끓으면서 피하지 못하고 죽어가는 모습, 그것이 인류 앞에 주어진 비극적 결말이 되어서는 안 된다.

02

핵 스토리텔링

인류와 전쟁

펠로폰네소스 전쟁은 생존의 필요가 아니라,
지배하려는 욕구에서 비롯되었다.

– 투키디데스 Thucydides

인류 등장

사람이 처음 지구상에 등장했을 때, 서로 어떤 관계 속에서 살았을까? 로빈슨 크루소처럼 혼자 살았을까? 아니면, 처음부터 집단을 만들고 살았을까?

민주주의 사상의 기초인 사회계약론Social contract theory은 인류가 처음엔 아프리카 초원이나 아마존 정글의 동물들처럼 개인이나 혈연 중심의 작은 가족 단위를 이루고 살았다고 본다. 동물들은 암수 한 쌍과 새끼들이 가족을 이루거나 우두머리를 중심으로 작은 무리를 이루고 산다. 이처럼, 사람들도 원래는 조직화된 사회organized society 없이, 개인, 가족 혹은 대가족 단위로 작은 무리를 이루고 살았다는 것이다.

공산주의 사상의 창시자인 칼 마르크스Karl Marx도 비슷한 주장을 했다. 인류의 최초의 삶의 방식은 원시공산사회primitive communistic society였다. 원시란 조직화되지 않은 자연 그대로의 상태라는 뜻이다. 공산이란 자연이 의식주를 제공하는데, 그 자연은 주인이 없이 모든 사람들의 공유물이라는 뜻이다.

인간은 애초 그렇게 자연 속에서 자연의 일부로 문명 없이 살았다. 사회계약론의 3대 사상가 중 토마스 홉스Thomas Hobbes는 이 자연 상태가 서로 싸우는 '만인에 대한 만인의 투쟁'war of all against all 상태라고 했다. 그러나 존 로크John Locke와 장 자크 루소Jean Jacques Rousseau는 자연 상태가 불편한 부분은 있지만 근본적으로 평화롭고 살기에 즐거운 곳이라고 보았다.

사회 등장

사람은 왜 사회를 만들었을까? 만약, 사람들이 의지를 갖고 사회를 만든 것이 아니라면 어떻게 사회가 만들어졌을까?

씨족사회라는 말처럼 가족이 많아지면서 자연스레 사회가 형성됐을 수 있다. 남녀가 새로이 짝을 맺음으로써 집안끼리 서로

협력하는 공동체를 만들었을 수도 있다. 맹수의 습격이나 자연 재해를 극복하기 위해서 다수 가족들이 힘을 합쳐서 공동체를 만들었을 수도 있다.

그러나 우리가 오늘날 사용하는 뜻의 사회는 혈연이 아니라, 제도institution의 존재가 특징이다. 규칙, 법, 지도자, 직업 등 사회 유지를 위해 필요한 다양한 기능의 제도화가 특징인 것이다.

사회계약론은 사회가 개인 간의 합의된 계약에 의해서 만들어졌다고 주장한다. 그러나 이 수상은 역사적 사실에 부합하지 않는다. 개개인이 더 나은 삶과 행복을 얻기 위해서 사회를 만들자고 합의했으니, 사회는 개인의 자유와 평등을 가장 중요한 목적으로 추구해야 한다는 규범적인normative 주장을 하기 위해서 만들어진 인위적이고 가상적인 논리이다.

사회계약론 외에, 정복설Staatseroberungs theorie이 있다.[7] 씨족들이 서로 전쟁을 통해 합쳐지면서 큰 단위인 부족이 되고, 부족들이 전쟁을 통해서 더 큰 단위인 고대국가로 발전했다는 학설이다.

역사적 사실은 사회계약론이 아니라 정복설에 가깝다. 인류 역사에서 사회 형성은 고대노예사회ancient slave society로 시작되었다고 한 마르크스의 주장이 그래서 의미가 있다.

고대국가와 노예제

씨족이 부족으로 부족이 고대국가로 커진 것이 전쟁을 통해서라고 하면, 여기엔 반드시 승리한 측과 패배한 측이 있게 된다. 그래서 승리한 집단은 지배자, 패배한 집단은 피지배자로 구조화된다.

승리한 측이 지배자가 된 데는 과정 스토리가 있다. 사회가 집단으로 존재하려면, 입고 먹고 사는 것을 생산하는 활동이 필요하다. 이 일은 귀찮고 힘들다. 그래서 승리한 집단은 이 일을 패배 집단에게 맡겼다. 인간관계에 주인과 노예가 생긴 것이다. 주인인 지배 계급은 사회를 통치, 관리하는 일을 맡았다.

사회의 제도화와 국가 등장 스토리는 이처럼 비극적이다. 정복과 패배, 지배와 피지배를 갈랐던 가장 중요한 요인은 무엇이었을까? 가장 중요한 것의 하나가 바로 무기와 무기의 우월성이다.

03
핵 스토리텔링

전쟁과 무기

전쟁이 없을 때는 있지만
평화는 불가능하다.

– 레이몽 아롱 Raymond Aron

전쟁과 무기

사람이 처음에는 자연 상태로 살다가 이후 사회 상태로 살게 된 것, 즉 사회 형성이 전쟁과 정복에 의해서라는 사실은 우리를 슬프게 한다.

인류는 왜 싸우지 않고 평화롭게 살 수 없을까? 역사적으로 인류 사회에 전쟁이 없었던 날은 없다. 21세기도 2001년 9월 11일의 9·11테러 사건, 2003년 3월 20일의 미국의 이라크 침공으로 막을 열었다.

인류사회에 불가피한 전쟁, 그 전쟁의 승패는 무엇이 가를까? 답은 무기, 무기의 발전이다. 같은 칼이라도, 청동기 칼이 나오면서 돌칼을 이겼고, 신무기인 쇠칼이 나오면서 구부러지는 청동기 칼을 이겼다. 유프라테스 강과 티그리스 강 사이에 찬란한 제국을 세워 오리엔트를 제패하고 함무라비 법전을 만든 고대 바빌로니아Babylonia가 히타이트Hittites에게 멸망한 것은 히타이트가 오리엔트 최초로 철기를 생산하고 철제무기를 사용했기 때문이다.

무기는 전쟁의 승패를 결정하고, 무기는 기술 발전에 의존한다. 새로운 과학기술의 발전이 신무기 개발로 이어지고 신무기는 곧 이기는 전쟁을 만드는 것이다.

무기기술의 발전

과학기술의 발전이 신무기 개발의 원천이다. 그러나 중요하게 짚어야 할 점은 과학기술 발전이 투자를 필요로 한다는 사실이다. 경제적 풍요와 집중 투자가 있어야 과학기술은 발전한다.

'필요는 발명의 어머니'라는 말이 있다. 우리가 주목해야 할 사실은 과학의 발전이 전쟁 승리를 위한 신무기 개발에 우선적으로 이용된다는 점이다. 수없이 많은 기술들이 애초에 군사적 목적으로 개발되고 이후 민간에 활용된다. 21세기 필수품인 인터넷과 GPS도 군사기술로 출발했다. 상용화되고 있는 드론도 마찬가지다.

자연 상태, 사회 상태, 무기 발전

자연 상태에서도 사람들은 자기 보호를 위해 무기를 필요로 했다. 다른 사람과의 싸움이나 맹수 퇴치를 위해서 나무와 돌이 재료였지만 최선을 다해서 무기를 만들었다.

그러나 인류가 만약 사회를 만들지 않고 자연 상태로 살았다면, 21세기에 사용되는 무기들이 지금과는 비교할 수 없이 옛날 수준일 것이다. 탱크도 없고 아마 기관총도 없을 것이다.

인간들이 더 낫고 더 행복한 삶, 더 나은 자아실현을 위해서 사회를 만들었는데, 사회가 등장하면서 오히려 전쟁 도구인 무기가 획기적으로 발전했다는 사실은 참 아이러니하다. 지금 이 순간에도 각 나라들이 가장 심혈을 기울이는 것은 다른 나라의 침략으로부터 나라를 지키는 일이고, 따라서 더 좋은 성능의 신무기를 보유하는 일이다.

왜 그럴까? 인간에게는 생명보전이 최우선이고, 생명과 안전에 문제가 없을 때 의식주가 다음으로 중요한 목적이 된다. 의

식주도 문제가 없게 되면 삶의 질이 중요해진다. 다시 말해서, 생명과 안전에 심각한 위협이 있으면 돈 있고, 멋있게 여가 시간을 보낼 근사한 별장이 있는 것이 아무 소용이 없는 것이다. 그러므로 생명에 대한 염려가 인간의 가장 근본적인 심리임을 지적한 홉스의 식견이 참으로 대단하다. 생명보전을 위해서 인간은 사회를 만들고, 또 끊임없이 더 좋은 성능의 무기를 만드는 것이다.

핵무기는 이런 연유에서 인류가 만든 가장 파괴력이 크고 두려운 절대무기이다.

무기의 발전

04

핵 스토리텔링

문명, 휴머니즘, 무기: 오늘의 전쟁에 대한 몇 가지 생각

초월적 목표가 없는 문명은 불모가 반복되면서
서서히 소멸 과정으로 빠져든다.

– 알프레드 노스 화이트헤드 Alfred North Whitehead

자연 대 문명

사람은 자연과 문명의 어색한 공존 속에서 산다. 자연은 사람이 만든 것이 아니다. 사람은 자연을 최적 상태로 유지, 발전시키는 원리를 모른다. 자연은 자연의 법칙에 맡길 때 가장 잘 보존된다.

사람이 만든 모든 것을 합쳐서 문명civilization이라고 부른다. 자연의 시공간 위에 인간이 인간의 힘으로 건설한 첫 결과물들은 메소포타미아문명, 이집트문명, 인도문명, 황허문명 등이다.

문명은 자연과 달리 늘 부작용을 동반한다. 문명의 발전은 인간에게 개선, 새로움, 편리함을 제공하지만 마치 대가를 요구하듯이 어두운 그늘이 뒤따른다. 인간의 욕심, 불완전성, 죄성이 문명에 투영된 결과다.

무기는 문명의 산물이다. 자연에 속한 것 중에 무기로 활용되는 것도 있다. 돌, 바위, 물, 불 등이다. 자연이 이것들을 무기로 사용하라고 허용한 것은 아니다. 이런 것들이 무기로 이용된 것은 인간의 꾀 때문이다. 그래서 분명 자연의 일부이지만, 무기가 되는 순간 이것은 문명의 일부라고 봐야 옳다.

핵무기도 사실 자연 탐구에서 얻은 것이다. 자연의 산물인 우라늄에 자연의 산물인 중성자를 인위적으로 충돌시켜 발견한 것이 핵분열반응이다. 핵무기는 자연의 것을 인간이 오용해서 나온 파괴력의 상징이다. 문명은 자연 속의 핵에너지를 핵무기로 변화시킨 것이다.

휴머니즘과 전쟁

휴머니즘은 우리말로 인문주의, 인본주의이다. 인간의 가치를 가장 존중하며, 이 가치를 인간이 가진 요소들 속에서 찾는다. 그래서 인간이 가진 능력과 성품, 인간이 추구하는 소망과 행복을 가장 소중하게 생각한다.

사람들이 사회와 국가를 만들면서 집단 간의 갈등과 전쟁이 불가피해졌다. 갈등과 전쟁이 벌어지는 것은 불가피하지만, 그 와중에도 인간의 가치와 존엄성을 지키려는 노력들이 있어 왔다.

가장 강력한 활인 석궁이 신무기로 등장했을 때, 교황 인노켄티우스 2세는 유럽 국가들에게 이교도와 전쟁할 때 외에는 석궁을 사용하지 말라고 명령했다. 석궁은 인간 신체에 무자비한 해를 입히는 지나치게 잔인한 무기였기 때문이다. 프랑스와 영국 간의 백년전쟁 때, 프랑스는 교황의 지시대로 석궁 사용을 금지했지만 영국은 권장했다. 그 결과 잔 다르크가 등장할 때까지 프랑스는 영국에게 연전연패했다. '웃픈' 얘기다.

사실인지 확인할 수 없지만, 이런 얘기도 있다. 프랑스군과 영국군이 넓은 들판에 대포를 배열하고 총으로 상대를 겨눈 채 맞섰다. 영국군 사령관이 큰 소리로 외쳤다. "영국은 신사의 나라다. 너희가 먼저 쏴라." 유럽 대륙을 차지하고 찬란한 문화를 자랑하는 프랑스는 섬나라 영국의 도발적 발언에 화가 났다. 프랑스군 사령관이 외쳤다. "프랑스야 말로 유럽의 주인이요 진정한 기사도의 나라다. 너희 섬나라가 먼저 쏴라." 이 말이 떨어지자마자 영국군은 대포와 총을 일제히 발사해서 프랑스군을 전멸시켰다고 한다.

전쟁에 휴머니즘이라는 단어를 붙일 수 없지만, 군인과 민간인을 구분하지 않는 오늘날의 인정사정없는 전쟁에 비하면 옛날 전쟁은 그래도 뭔가 사람 냄새가 난다.

투쟁이냐 테러냐

테러전은 2001년의 9·11테러로 인류사회에 본격 등장한 새로운 전쟁 유형이다. 이전에도 테러전이 있었지만, 9·11사건은 군사적 유일초강대국인 미국에 대한 공격이었고 공식 발표에 따르면 이 한 번의 테러로 2,977명의 민간인이 사망했다.

일본이 우리 안중근의사를 테러범이라고 했지만, 객관적 잣대에서 절대 테러범이 아니다. 왜냐하면, 안중근의사는 일본 민간인이 아니라 식민 지배의 책임자인 이토 히로부미를 사살했기 때문이다. 분명히 이전의 이런 투쟁은 책임자를 대상으로 이뤄졌다. 잘못이 없는 무고한 민간인을 대상으로 하지 않았다.

전쟁도 이전에는 군인끼리 싸웠지, 적국의 민간인을 무고히 살상하지 않았다. 전쟁이라도 반드시 지켜야 하는 선이 있었다. 이 선을 지키지 않으면 전쟁이 끝난 후라도 질타와 책임의 대상이 되었다. 히틀러에 의한 600만 명의 유대인 학살사건, 2015년 유네스코 세계기록유산에 등재된 일본군의 30만 명 난징대학살이 반인륜적 전쟁 범죄의 대표적인 사례다.

20세기 후반으로 오면서, 전쟁은 더욱 빈번하게 민간인 희생자를 낳고 있다. 오폭으로 인한 경우도 있고, 살해 대상자가 민간인들 속에 숨어 있어서 그런 경우도 있다. 또, 1990년대 말 세르비아 정부군이 코소보 지역에서 알바니아계를 대상으로 전투할 때, 2~4만 명의 성폭력 피해자가 생긴 것도 고의적인 반인륜적 범죄에 해당한다. 전쟁의 성격이 인간의 가치를 중시하는 제한적 전쟁의 범주를 뻔뻔스럽게 벗어났던 것이다.

핵무기의 큰 문제점 중 하나가 바로 이것이다. 일본에 원자폭탄이 투하되었을 때, 히로시마 인구 25만5,000명 중 초기 2~4개월 동안 9만 명에서 16만6,000명 정도가 사망했다. 전쟁과 상관없는 민간인이 수없이 죽은 것이다.

인류역사에 전쟁이 불가피하다고 해도, 어떤 유형의 전쟁이든 군인 간에 이뤄져야지, 민간인을 희생시키는 전쟁이 되어서는 안 된다. 전쟁이라도 인간의 가치와 존엄성의 존중은 반드시 지켜야 한다.

적십자 정신

전쟁에도 불구하고, 인간애, 인류애를 발휘한 국제적인 출발이 적십자사의 설립이다.

적십자사는 전쟁이 벌어지고 있는 동안 아군, 적군을 가리지 않고 상병자[8)]를 돌보려는 목적에서 스위스 국적의 장 앙리 뒤낭Jean-Henri Dunant이 제창했다. 뒤낭은 1859년 6~7월 동안 이탈리아 통일전쟁 때에 직접 상병자를 구호했던 체험을 바탕으로 국제적 상설기관의 설립을 제안했다. '흰 바탕에 붉은 십자가'가 새겨진 표장을 한 적십자사와 그 소속 간호요원에게 중립적 지위를 인정하고, 그 활동을 국제적으로 보호함으로써 전시상병자를 구호하는 것이 적십자정신이다.

오늘날의 전쟁에서 적십자 요원들이 과연 안심하고 구호활동을 벌일 수 있는지 의문이다.

05

핵 스토리텔링

재래식무기와 핵무기

자국의 안보를 위한 군사력과
군사력에 기반을 두는 세력균형만이
평화를 유지할 수 있다.

– 한스 모겐소 Hans Joachim Morgenthau

재래식무기

재래식무기conventional weapons는 어떤 무기를 말하는 걸까? 재래식은 옛날 것을 가리킨다. 재래식무기는 옛날 무기라는 뜻이 된다. 물맷돌, 칼, 창, 철퇴, 활, 석궁, 철병거, 말이 끄는 전차 등 고대무기들이 옛날 무기다.

그러나 오늘날의 국제정치학과 군사학의 정의는 완전 다르다. 핵무기와 생화학무기를 통칭하는 대량살상무기WMD: Weapons of Mass Destruction를 제외한 모든 무기를 재래식무기라고 하거나, 핵무기를 제외한 모든 무기를 재래식무기라고 부른다.

따라서, 총은 물론이고 탱크, 전투기, 미사일 등 우리가 현대무기로 알고 있는 모든 것들이 재래식무기다. 미사일이라도 폭약이 들어가는 머리 부분인 탄두가 TNT이면 재래식미사일, 핵폭탄이면 핵미사일이 된다.

전략무기strategic weapons라는 용어도 있다. 이 용어에 대한 정의도 두 가지다. 첫째, 적국의 거대한 목표물을 공격하는데 사용하는 중거리핵미사일과 대륙간탄도핵미사일이 전략무기다. 둘째, 전쟁 수행에 큰 영향을 미치는 산업시설이나 군사기지를 완전히 파괴하는데 사용하는 무기를 말하는데, 이 정의에 따르더라도 이처럼 엄청난 파괴력을 가진 것은 핵무기밖에 없기 때문에 전략무기는 곧 핵무기를 의미하는 것이 된다. 그래서 그냥 편하게 핵무기가 곧 전략무기라고 이해해도 문제가 없다.

'전력' 개념의 변화

재래식무기는 무기의 종류와 성능이 동일할 경우, 무기의 수량이 승패를 좌우한다. 우리 민족의 영웅 이순신장군처럼 13척의 배로 왜선 133척을 무찌른 대단히 예외적인 경우도 있긴 하다. 그러나 일반적으로는 더 많은 군사력과 화력을 가진 나라가 승리한다.

하지만 핵무기의 세계는 다르다. 핵폭탄은 가공할 파괴력을 가지고 있기 때문에, 핵무기의 수가 많다고 핵전쟁에서 승리할 수 있는 것은 아니다. 핵무기 1,000개를 가진 나라와 200개를 가진 나라가 핵전쟁을 벌인다고 가정해보자. 1,000개 가진 나라가 200개 가진 나라를 완전 잿더미로 만들 수 있다고 해도, 200개 가진 나라가 1,000개 가진 나라의 가장 큰 도시 한두 개나 주요 산업시설들을 날려버릴 수 있다면 1,000개 가진 나라가 핵전쟁을 시작할 수 없다. 감당할 수 없는 수준의 보복을 당할 줄 알면서, 선제공격을 할 바보는 없다.

좀 끔찍한 비유가 있다. 워낙 국제정치의 세계가 조폭 세계와 유사점이 많으니 양해 바란다. 싸움을 워낙 잘해서, 덤비는 자는 누구든지 반드시 죽일 수 있는 최고수 조폭이 있다. 그런데 그보다 싸움실력이 훨씬 못한 조폭 하나가 죽기 전에 반드시 상대의 두 눈을 뽑는 능력이 있다. 최고수 조폭이 이기긴 하겠지만, 눈이 뽑히는 보복을 감당할 수 없다. 핵무기의 세계에서는 이처럼 전력의 개념이 달라진다.

핵전쟁의 가능성

핵전쟁의 발발은 쉽지 않다. 핵무기는 실제 전쟁에서 사용하기 어렵다는 점에서 재래식무기와 다르다. 이유는 상상을 초월한 파괴력과 폭발 이후에도 오랜 기간 잔류하면서 인체는 물론 생태계에 엄청난 악영향을 끼치는 방사능 오염 때문이다.

체르노빌과 후쿠시마 사고는 전쟁은 하더라도 핵무기는 사용해서는 안 된다는 교훈과 경고를 인류에게 던졌다. 그래서 핵무기의 확산을 막으려는 핵확산금지조약Nuclear Nonproliferation Treaty: NPT, 나아가 WMD와 테러의 국제적 확산을 막으려는 대량살상무기확산방지구상Proliferation Security Initiative: PSI이 국제조약으로 체결되어 있다.

그러나 아주 작은 규모의 핵폭탄 제조는 테러나 전쟁에서의 핵무기 사용 가능성을 높인다. 007가방 크기에 핵 폭파 장치를 한 핵가방, 핵배낭, 대포로 쏠 수 있는 크기의 핵포탄 등이 로마의 네로나 히틀러 같은 비이성적 불량 지도자 혹은 막가파의 테러 지도자를 만날 경우 실제 사용의 가능성은 높아지는 것이다.

핵전쟁이 벌어지면

크든 작든, 전쟁에서의 핵무기 사용은 인류에게 파멸적인 결과를 가져올 것이다. 무기로 사용 가능한 소규모 핵무기가 개발 중에 있다. 미국은 2015년 10월, 정밀 타격용 소형 핵무기 'B61-12'의 실험에 성공했다. 소형 핵무기를 사용해도 핵전쟁은 핵전쟁이다. 인류의 전멸은 아니라도 세상을 생지옥으로 만들 가능성이 높다.

핵전쟁으로 인해 인류 문명이 사라진 내용이나 그런 배경을 가진 영화가 꽤 있다. 가장 대표적인 것이 터미네이터 시리즈다. 아놀드 슈왈제네거가 오른쪽 엄지손가락을 치켜세우며 쇳물에서 죽어가는 바로 그 영화다.

핵무기 사용은 그 자체가 인간사회에 미치는 가공할 피해도 문제지만, 생태계를 파괴시켜 인간의 생존 환경을 파괴하기 때문에 절대로 사용되어서는 안 된다. 사용이 어렵다는 사실에 안심할 것이 아니라, 사용이 불가하도록 국제적인 규제와 제도를 더욱 튼튼히 구축해야 한다. 이것은 인류 생존의 절대 조건이다.

06

핵 스토리텔링

핵분열 연구와 핵무기

E=MC²

– 앨버트 아인슈타인 Albert Einstein

과학,
양면의 칼

진부한 말이지만, "칼은 요리사가 잡으면 훌륭한 도구가 되고 강도가 잡으면 흉기가 된다."는 말의 가치는 변함이 없다.

프리먼 다이슨Freeman John Dyson이 '반역자로서의 과학자'The Scientist as Rebel라는 제목의 책을 냈다.[9)] 다이슨은 핵물리학자들의 소극적인 태도가 핵무기 개발이라는 비극을 초래했다고 주장했다. 유럽과 미국의 과학자들은 이미 1930년대 말에, 핵분열을 이용한 폭탄을 만들면 그 파괴력이 가공할 수준이 될 것임을 공개적으로 말하고 있었다. 만약 이들이 그런 무기는 절대 만들면 안 된다고 합의했더라면 이 세상에 핵무기는 없다는 것이 그의 주장이다. 그는 주도할만한 인물로서 앨버트 아인슈타인과 닐스 보어Niels Henrik David Bohr 등을 꼽았다.

그런 합의가 정말로 핵무기 등장을 막았을까? 그런 합의에도 불구하고 핵무기는 결국 제조되었을까? 어느 쪽으로도 단정할 수 없지만, 굳이 답을 하라면, 만들어졌을 것이라는 쪽에 한 표다.

세 가지 근거에서다. 첫째, 기술의 세계에는 선용에 대한 악용이 늘 동반된다. 컴퓨터 발명과 컴퓨터 바이러스 등장, 온라인 거래와 갖가지 온라인 사기술 등장 등이 그 예다. 둘째, 재래식 무기보다 비용은 훨씬 적게 들고 효과는 훨씬 크기 때문이다. 이를 비대칭전력asymmetrical power이라고 한다. 적국보다 더 많은 수와 더 나은 기술의 재래식무기를 가질 수 없다면, 핵무기를 가짐으로써 상대방의 군사적 우위를 단번에 극복할 수 있다. 뱁새가 황새 따라가려다 다리 찢어지는 일 없이 아예 스포츠카를 구입해서 타는 전략이다. 셋째, 핵무기 제조 기술의 보편화다. 과학 기술의 발전은 테러집단도 핵무기를 제조할 수 있는 날이 오게 할 것이다. 정말로 철저히 막지 않으면 말이다.

초기 핵연구

우라늄과 중성자의 충격실험 연구는 1938년 12월에 이미, 독일의 오토 한Otto Hahn, 프리츠 슈트라스만Fritz Strassmann, 리제 마이트너Lise Meitner, 세 사람의 공동연구로 시작되고 있었다. 오스트리아 출신 유대인인 마이트너는 히틀러의 유대인 학살을 피해 스웨덴으로 망명한 후에도 서신을 통해 공동연구를 계속했다.

한은 나치의 압력 때문에 마이트너의 이름을 뺀 채 1939년 1월 <자연과학>에 연구 결과를 실었다. 마이트너는 조카 오토 프리쉬Otto Frisch와 함께 실시한 실험의 이론적 해석을 1939년 1월 <네이처>에 실었다. 마이트너는 논문에서 '분열'이라는 말을 처음으로 사용했다.

이 두 연구 결과를 통해서 중성자를 우라늄에 충격시킨 핵분열반응의 물리적 성격이 공식적으로 밝혀졌다.

나치독일의 수상한 움직임

독일 과학자들은 우라늄의 원자핵이 핵분열을 일으키는 현상을 발견했다. 핵분열 연쇄반응을 일으켜서 대량의 에너지를 얻을 수 있는 가능성을 알게 된 것이다.

독일은 핵연료인 우라늄 학보에 나섰다. 1939년 히틀러가 체코를 점령한 후 독일군이 가장 먼저 취한 조치는 체코가 가진 우라늄의 수출을 금지시킨 것이었다. 이 조치는 나치독일이 핵무기를 개발하려 한다는 증거로 받아들여졌다.

나치독일이 핵무기를 먼저 개발했다면 인류사회와 역사는 어떻게 되었을까? 전 세계를 나치의 깃발 아래 두는 거대 제국의 건설 후에 히틀러는 과연 어떤 일들을 벌였을까?

07
핵 스토리텔링

삭스와 루즈벨트

프랑스 전함 위에 돛대 대신 증기기관,
나무판자 대신 강판을 쓰면 해전에서 반드시 승리하고
영국을 속히 점령할 수 있다.

– 로버트 풀턴 Robert Fulton

루즈벨트를 설득한 삭스

미국으로 망명 온 1938년 노벨 물리학상 수상자인 이탈리아 물리학자 엔리코 페르미Enrico Fermi와 헝가리 태생의 미국 물리학자 레오 실라르드Leo Szilard 등은 독일 과학자들이 연쇄반응의 원리를 이용해서 핵폭탄을 만들 가능성이 있다고 우려했다.

이들 과학자들은 독일이 체코의 우라늄을 수출 금지시킨 조처가 독일이 우라늄의 중요성을 깊이 인식하고 있는 증거라고 생각했다. 이들은 1939년 8월 2일 아인슈타인의 서명을 받은 편지를 경제학자이자 은행가로서 대통령의 개인 고문이던 알렉산더 삭스Alexander Sachs에게 줘서 같은 해 10월 11일 루즈벨트 대통령에게 전달했다.

삭스가 루즈벨트에게 미국이 핵무기를 먼저 개발해야 한다고 말했지만, 대통령의 반응은 부정적이었다. 삭스를 냉대한 것이 미안했던 루즈벨트는 그를 다음날 식사에 초대했다. 삭스가 얘기를 다시 꺼내려하자, 루즈벨트는 아인슈타인의 편지 얘기는 하지 말자고 했다. 삭스는 기지를 발휘했다. "네, 그러면 역사 얘기만 조금 하겠습니다."

삭스는 영불전쟁 얘기를 꺼냈다. "나폴레옹이 유럽 대륙에서는 늘 승전고를 울렸지만 해전에서는 신통치 않았습니다. 이때 미국의 젊은 발명가 로버트 풀턴이, 프랑스 전함 위에 있는 돛대 대신 증기기관을 설치하고, 나무판자 대신 강판을 쓰자고 건의했습니다. 그렇게 하면 해전에서 반드시 승리하고 영국을 속히 점령할 수 있을 것이라고 장담했습니다. 그러나 나폴레옹은 그렇게 생각하지 않았습니다. 돛이 없으면 항해를 할 수 없고, 철선은 가라앉을 거라고 생각한 것입니다. 그래서 나폴레옹은 풀턴을 쫓아내버렸습니다. 후에 역사가들은 나폴레옹이 풀턴의 제의를 받아들였다면 19세기 역사는 바뀌었을 것이라고 말했습니다."[10)]

루즈벨트는 마침내 삭스의 제안을 받아들였다. 프랑스의 역사는 바뀌지 않았지만, 미국의 역사는 바뀌는 순간이었다. 루즈벨트는 1941년 10월 9일 회의를 열고 원자폭탄 개발을 결정했다.

중요 발견들

1940년 3월, 영국에서는 오토 프리쉬Otto Frisch와 루돌프 파이얼스Rudolf Peierls가 우라늄 235만 농축할 수 있다면 원자폭탄을 만들 수 있다는 사실을 발견하고 영국정부에 각서를 제출했다. 이 사실은 미국에도 알려졌다.

1941년 2월, 노벨화학상 수상자인 미국의 글렌 시보그Glenn Theodore Seaborg는 우라늄 235의 핵반응으로부터 플루토늄을 발견했다. 플루토늄이 핵무기 제조의 원료로 사용될 수 있음이 확실히 밝혀진 것이다.

맨해튼 프로젝트

미국의 핵무기개발 프로젝트 명칭은 맨해튼 프로젝트Manhattan Project다. 명칭의 유래를 정확히는 모르겠지만, 그 때나 지금

이나 세계의 중심은 미국, 미국의 중심은 뉴욕, 뉴욕의 중심은 맨해튼이긴 하다.

1943년 이전에도 폭탄 자체의 설계와 작동에 관한 연구는 여러 곳에서 이론적으로 이루어졌다. 그러나 본격적인 움직임은 1943년 뉴멕시코의 산타페 북쪽에 있는 로스 알라모스에 연구소가 세워지고 이론물리학자 로버트 오펜하이머Robert Julius Oppenheimer가 소장으로 임명되면서 시작되었다. 이 연구소에 모인 약 3,000명의 과학자들은 원자폭탄을 설계하고 조립했다. 프로젝트에 들어간 총 경비는 20억 달러에 달했다.

이렇게 인류 최초의 핵무기가 만들어진 후, 맨해튼 프로젝트의 총책임자였던 오펜하이머에게는 '아메리칸 프로메테우스'라는 별명이 붙여졌다.

독일
핵개발 저지

맨해튼 프로젝트는 핵폭탄 개발뿐만 아니라 독일의 핵에너지 계획에 대한 정보를 수집하는 임무도 수행했다.

미국은 일본이 우라늄 조달이 어려워서 핵무기 개발은 못할 것이라 판단했다. 그러나 독일은 핵무기 개발이 임박했을 것이라 판단하고, 이에 대한 공포를 가지고 있었다. 그래서 독일의 중수 확보를 막으려고 노르웨이의 중수 시설을 파괴하고 운반선을 침몰시켰다. 이 첩보 작전에는 미 해군 정보국과 과학연구개발국, 미 육군 정보국인 G-2 등이 참여했다.

맨해튼 프로젝트의 첩보 활동 작전명은 알소스였는데, 알소스는 프로젝트 책임자인 레슬리 그로브스Leslie Groves의 그로브grove를 그리스어로 표기한 것이었다.

전략 무기

08

핵 스토리텔링

핵무기
등장

나는 세계의 파괴자, 죽음의 신이 되었다.

– 로버트 오펜하이머 Robert Julius Oppenheimer

사막과 트리니티

사막의 신비로움과 아름다움은 경험해보지 않은 사람은 모른다. 사막의 모래 위에서 만나는 생명체의 신기함, 광활한 사막이 주는 뭐라고 설명도 표현도 할 수 없는 경이감, 밤이 오면 머리 위로 펼쳐지는 끝없이 깊지만 내 것인 양 손으로 만질 수 있을 것 같은 무한한 별들과 은하수.

생텍쥐페리의 대표 작품으로 모든 사람들이 좋아하는 '어린 왕자'도 이 사막이 배경이다. "사막은 아름다워. 사막이 아름다운 건 어디엔가 우물이 숨어있기 때문이야. 눈으로는 찾을 수 없어, 마음으로 찾아야 해." 자신을 길들이면 세상에 하나밖에 없는 여우가 된다고 말한 사막여우가 어린왕자에게 한 말이다. 인류 최초의 핵폭발 실험을 준비한 기획자들은 그들에게 사막여우는커녕 아무 것도 없이 황량하게만 보이는 사막을 실험 장소로 택했다.

기이한 것은 이 첫 실험에 사용한 원자폭탄의 명칭이 트리니티Trinity라는 점이다. 트리니티는 기독교에서 삼위일체 하나님, 성부, 성자, 성령이 삼위이면서 한 분의 하나님이라는 교리 용어다. 오펜하이머를 비롯해서 프로메테우스의 불같은 핵폭탄을 만든 기획자들이 신 앞에 선다는 마음으로 이 명칭을 붙인 것일까?

실제로, 오펜하이머는 영국의 형이상학파 시인 존 던John Donne의 "때려 부수소서 내 심장을, 삼위일체의 하느님이시여"라는 시구에서 영감을 얻어서 '트리티니'라는 이름 붙였다고 한다.

히로시마와 나가사키

인류 최초의 핵무기 트리니티는 1945년 7월 16일 새벽 5시 29분 45초에 폭발했다. 트리니티는 플루토늄으로 만든 TNT 20킬로톤 규모의 핵폭탄이었다. 인간이 스스로의 힘으로 인류 전체의 집단 자살을 시행할 수 있는 능력이 생긴 것이다.

맨해튼 프로젝트는 모두 세 개의 핵폭탄을 제조했다. 트리니티 그리고 실험 이후 만든 '리틀보이'와 '팻맨'의 세 개다.

리틀보이는 우라늄235를 농축해서 탄두로 제작한 포신형[12] 핵폭탄으로 TNT 15킬로톤의 위력을 갖고 있었다. 1945년 8월 6일 히로시마에 떨어져서 8만 명이 사망하고 6만 명은 방사능으로 암이 생겼다. 팻맨은 플루토늄을 탄두로 사용한 내폭형[13] 핵폭탄으로 위력은 TNT 21킬로톤에 해당했다. 8월 9일 나가사키에 떨어져서 3만 9천 명이 사망하고 7만 5천 명이 방사능에 피폭됐다.

두 원자폭탄은 히로시마와 나가사키 도시 구조물의 67%이상을 파괴하고 손상시켰다. 맨해튼 프로젝트의 원자폭탄 세 개는 모두 무게 4,082kg, 길이 3m, 지름 0.72m로 동일하게 만들어졌다.

소련(러시아) 스파이들

맨해튼 프로젝트는 철저히 기밀을 유지하는 가운데 진행되었다. 특히 나치 독일에 정보가 누설되는 것을 방지하는 것이 가장 중요했다. 히틀러 역시 핵무기 개발 계획을 추진하고 있었기 때문이다.

미국은 방해공작에 대한 대비에 만전을 기했다. 장비 고장이 발생하면 방해공작 때문이 아닌지 조사했다. 작업자의 실수나 부주의에 의한 것도 방해공작 여부를 일일이 점검했다.

1945년 3월 10일, 일본의 화염 열기구 공격으로 전력선이 끊어지는 사건이 있었다. 이 사건으로 우라늄 연료를 제작하던 헨포드 반응로의 가동이 잠시 중단되기도 했다.

프로젝트에 관련된 인원이 너무 많아서 보안 유지는 어려웠다. 그래서 방첩대가 운용됐다. 소련이 맨해튼 프로젝트의 기술을 빼내는데 가장 열을 올렸다. 서부 방위 사령부 방첩대에 근무하던 보리스 패쉬 소령은, 오펜하이머의 추천으로 버클리 대학교의 방사선연구소에서 근무하던 하콘 체발리어가 소련에게 정보를 전달한 사실을 적발했다. 소련에 가장 큰 정보를 넘긴 첩보원은 영국 요원으로 로스앨러모스에서 핵심 분야에 근무하던 클라우스 퍼치스였다. 퍼치스의 간첩행위는 1950년에 폭로되었는데, 이 때문에 미국, 영국, 캐나다 간의 핵 협력에 문제가 생기기도 했다.

헨리 골드, 데이비드 그린글래스, 에델 로젠버그, 줄리어스 로젠버그 등도 첩보원으로 밝혀졌다. 조지 코바 등 다른 첩보

원들은 2차 대전 이후에도 오랫동안 발각되지 않기도 했다. 소련은 이렇게 모은 정보들을 바탕으로 소비에트 핵폭탄 계획을 앞당길 수 있었다. 소련은 1953년 8월 12일 첫 핵실험에 성공했다.[14]

반응들

프로젝트의 총책임자 오펜하이머는 자기 자신을 죽음의 신으로 묘사했다. 오펜하이머는 히로시마 원폭 투하 후 자신이 주도한 계획에 깊은 회의를 느꼈다. 그는 트루먼 대통령 앞에서 "내 손에 피가 묻어있는 것 같습니다."라는 말을 하기도 했다.[15]

투하 직후, 워싱턴의 정책결정자들 사이에는 핵무기 등장을 긍정적으로 바라보는 시각이 많았다. 미국의 원자 무기 보유는 다른 국가들이 전쟁을 일으키려는 의지를 꺾음으로써 세계평화가 지속적으로 유지될 수 있을 것으로 본 것이다. 여기에는 히로시마가 보여준 처참한 비극을 극복하려는 심리와 비판여론을 잠재우려는 꼼수가 들어간 것으로 보인다. 이후, 핵무기의 엄청난 발전 속에서도 크고 작은 전쟁이 끊임없이 계속되고 있는 사실은 이런 시각이 얼마나 어리석은가를 역설한다.

원폭 실험을 지켜본 목격자들은 그 폭발이 한낮의 여러 개의 태양처럼 하늘을 밝혔다고 말했다. 한 맹인 여성은 불의 섬광이 너무도 강렬해서 그 빛을 봤다고 증언했다.

별 중에 가장 온도가 높은 젊은 별은 푸른색을 띤다. 붉은 별의 온도는 2,000~3,600도, 태양처럼 노란 별은 5,000~6,000도, 푸른 별은 11,000~28,000도다. 맹인이 볼 수 있었던 빛은 지옥의 온도를 가진 푸른 별이 내는 빛이었을 것이다.

오늘날은 핵의 평화적 이용인 원자력 발전도 폐기해야 한다는 주장이 강하다. 그런데 하물며 핵무기일까. 프로메테우스가 받은 벌이 또 생각난다.

09

핵 스토리텔링

핵무기의 발전

제3차 세계대전에는 어떤 무기로 싸울지 알 수 없지만,
제4차 세계대전에는 몽둥이와 돌을 들고 싸울 것이다.

– 앨버트 아인슈타인 Albert Einstein

수소폭탄 등장

북한은 2016년 1월 6일 수소폭탄 실험에 성공했다고 발표했다. 한국은 물론이고 전 세계가 민감하게 반응했다. 같은 핵무기지만, 원자폭탄과 수소폭탄의 파괴력은 500배 이상의 차이가 나기 때문이다.

제2차 세계대전에 사용된 원자폭탄은 TNT 2만 톤 규모의 위력을 발휘했다. 1952년 11월 1일에 미국이 실험한 첫 수소폭탄은 TNT 1,040만 톤에 맞먹는 폭발력이었다.

간단한 산수를 하면 수소폭탄의 위력이 원자폭탄의 520배라는 계산이 나온다. 그래서 앨버트 아인슈타인은 3차 세계대전이 일어나면 인류 문명은 멸망할 것이기 때문에 이후의 전쟁은 막대기와 돌을 들고 싸우게 될 것이라는 말을 한 것이다.

미국의 첫 수소폭탄인 암호명 '마이크'의 폭발 실험은 마셜 제도 에네웨타크 환초에서 실시되었다. 이후, 소련(러시아)은 1955년 11월 22일, 영국은 1957년 11월 8일, 중국은 1967년 6월 17일, 프랑스는 1968년 8월 24일에 성공했다.

수소폭탄은 다른 이름이 많은데, 열핵폭탄, 열핵무기, 핵융합 무기로도 불린다. 원래는 핵분열과 핵융합의 차이를 기준으로 원폭과 수폭을 나누지만 요즘은 그 차이가 모호해졌다. 순수 원자폭탄, 즉 핵분열폭탄은 500킬로 톤급에서 끝났다. 핵분열을 이용하는 많은 원자폭탄도 그 안에 핵융합을 일으키도록 해서 핵분열에 핵융합의 추가적 에너지를 더하기 때문이다.

텔러와 울람의 발명품

헝가리 물리학자 에드워드 텔러Edward Teller와 폴란드 수학자 스타니스와프 울람Stanisław Marcin Ulam이 놀라운 무기를 제작했다.

맨해튼 프로젝트에 참여했던 텔러는 수소 융합 폭탄에 관심이 있었지만 해당 컴퓨터에 접근할 수가 없었다. 접근이 가능했었다면 수소 폭탄은 훨씬 빨리 개발됐을 것이다.

울람은 분열 폭탄을 융합 반응을 위한 방아쇠로 사용할 수 있다는 사실을 발견했다. 텔러와 울람의 합작으로 마침내 수소폭탄이 탄생했다.

핵무기 세계의 왕좌를 차지하고 있는 수소 폭탄의 원리는 생각보다 쉽다. 수소폭탄은 몇 마이크로 초 동안 발생하는 일련의 단계로 작동한다. 수소 폭탄의 작은 금속 케이스는 스티로폼으로 분리된 두 개의 핵 장치로 구성되어 있다. 하나는 공 모양이고 다른 하나는 원통 모양이다. 공 모양 핵 장치는 표준 핵분열 폭탄이다. 이것이 폭발하는 순간, 고 에너지 방사선이 원통 모양의 2차 핵 장치 쪽으로 외부 금속 케이스에 의해 반사된다.

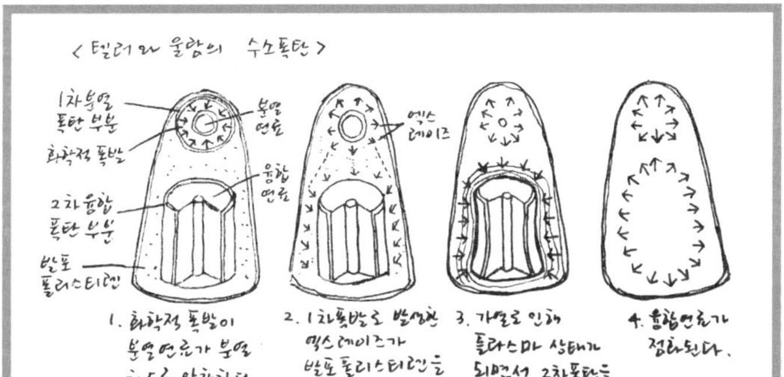

우라늄235로 이루어진 원통 모양 핵 장치가 방사선의 압력으로 부서지면 핵 장치 내부의 중수소가 압축되어 핵융합이 일어날 수 있는 온도로 가열된다. 이것은 순차적으로 더 많은 에너지와 중성자를 발산시켜, 원통 모양 핵 장치의 외부 우라늄235와 플루토늄의 내부 코어에서 핵분열 연쇄 반응이 시작되는 원리다.[16)]

핵폭탄에 의한 파괴

핵폭탄의 파괴력은 폭풍, 복사열, 방사능의 세 가지로 구성된다. 그 외, 전자 장비를 심하게 손상시키는 전자펄스라는 현상도 일으킨다.

수소폭탄은 방사능을 가진 것과 가지지 않은 것 두 종류로 나뉜다. 그래서 이를 각각 더러운 수소폭탄, 깨끗한 수소폭탄으로 부르기도 한다.

소련은 1962년 10월 30일, 노바야젬랴섬에서 50메가톤 급 핵무기 폭발실험을 했다. 섬에서 100km안은 진도 5~6의 강진이, 800~1,000km까지는 진도 3의 약진이 발생했고, 먼 거리까지 전자기기를 마비시켰다.

폭발로 인한 화구는 보통 도시의 절반 크기였다. 이것은 수소 폭탄의 위력이 보통 핵무기의 핵폭풍보다 훨씬 강하고 거대하다는 사실을 보여준다.

국가별 핵폭탄 보유

국가별 핵탄두 수를 한 눈으로 볼 수 있게 아래 표로 만들었다.[17] 미국과 러시아가 전 세계 핵탄두의 95% 이상을 갖고 있다. 성능도 최고로 우수하다. 그래서 이 두 나라가 핵초강대국이다. 미국과 러시아는 뒤에서 설명하겠지만, 보유 핵무기 수를 줄이는 노력을 하고 있다. 굳이 착한 뜻에서만은 아니다. 나중에 살펴보자.

〈전 세계 핵무기 보유 수, 2015년〉

국가	탄두 수	국가	탄두 수
미국	7,200	인도	110~120
러시아	7,500	파키스탄	120~130
영국	215	이스라엘	80
프랑스	300	북한	10~20
중국	260	합계	15,800

10
핵 스토리텔링

핵무기의 발사

미국은 쿠바에서 발사된 핵미사일이 서반구에 있는 어떤 나라를 공격하더라도, 미국에 대한 소련의 공격으로 간주하고 전면적인 보복 대응에 나설 것이다.

– 존 F. 케네디 John Fitzgerald Kennedy

쿠바 미사일 위기

1962년 10월 16일 오전 8시 45분, 맥조지 번디McGeorge Bundy 국가안보담당보좌관은 소련이 쿠바에 핵미사일 기지를 건설하고 있다는 CIA 정보를 케네디 대통령에게 보고했다.

이틀 전 미군의 U-2정찰기들은 쿠바 미사일 기지의 여러 시설물과 건설 장비를 선명하게 보여주는 수 백 장의 항공사진을 찍었다. CIA분석가들은 쿠바의 산크리스토발San Cristobal 근처에 소련의 미사일 기지가 건설 중이며 일주일 내에 그 기지가 작동 가능하다고 평가했나. 이 지역은 플루리다 해안에서 불과 90마일 거리라서, 미국의 안보에 매우 심각한 위협이었다.

케네디 대통령은 곧바로 긴급 국가안보회의를 소집했다. 로버트 맥나마라Robert McNamara 국방장관을 비롯한 참모들 대부분은 소련이 핵미사일을 들여오지 못하도록 쿠바 해안을 봉쇄할 것을 건의했다. 이것은 미 해군이 소련 선박을 정지시켜 무기 탑재 여부를 검색하는 것을 의미했다. 심각한 무력 충돌이 발생할 가능성을 내포하고 있었다.

소련은 미국의 즉각적인 대응에 크게 당황했다. 소련은 쿠바 미사일 기지가 방어용임을 강조했다. 그 와중에도, 핵무기 선적이 의심되는 소련 선박은 쿠바로 다가오고 있었다. 케네디는 군대에 비상사태를 선포했다. 10월 26일 쿠바를 향하던 소련 선박들이 속도를 늦추었지만, 미사일 기지 건설은 계속됐다.

같은 날 흐루쇼프Nikita Khrushchev 서기장의 전보가 날아왔다. 미국이 쿠바의 항구 봉쇄를 해제하고 쿠바를 침공하지 않겠다는 것을 약속하면 소련도 쿠바에서 손을 뗄 용의가 있다는 내용이었다. 그러나 다음날 두 번째 전보가 왔다. 미국이 터키 내 나토 군사 기지를 철수시켜야 한다는 요구 조건이 새롭게 들어있었다.

케네디는 쿠바 봉쇄와 미사일 기지에 대한 정찰 활동을 더 강화시켰다. 미국 정찰기 한 대가 쿠바 상공에서 격추되고, 소련 선박들은 봉쇄망을 치고 있는 미 해군 함정들 앞까지 다가왔다.

미국 정부 내 강경론자들은 쿠바 미사일 기지에 대한 선제 공습을 주장했다. 그러나 전면전을 우려한 케네디는 소련과의 최후 담판을 시도했다. 첫 번째 전문의 조건을 수용하겠다는 전문을 흐루쇼프에게 보냈다.

10월 28일 흐루쇼프는 쿠바 미사일 기지의 폐쇄와 소련 무기의 철수를 약속하고 미국 관리들이 기지 폐쇄 상황을 감시하도록 허용하는 내용을 발표했다. 쿠바 기지의 미사일 시설들은 철거되고 미국의 해상 봉쇄도 해제되었다. 전 세계가 핵무기가 사용되는 3차 세계대전을 우려했던 위기가 해소되는 순간이었다.[18]

미사일과 핵무기

미국이 히로시마에 핵무기를 투하한 방법은 폭격기에 싣고 가서 떨어뜨리는 것이었다. B-29폭격기가 동원됐고, 직접 투하한 폭격기의 애칭은 '에놀라 게이'Enola Gay였다.

오늘날은 핵탄두를 미사일에 장착해서 발사하는 방법을 주로 쓴다. 목표물에 도달하는 속도가 가장 빠르고 정확도가 매우 높기 때문이다. 지상, 비행기, 잠수함, 어디서든 핵무기는 미사일에 장착된 핵미사일로 발사한다. 그래서 핵무기와 미사일은 뗄 수 없는 관계다.

핵가방은 테러에서 사용 가능한 방법이다. 작은 가방에 소규모 핵폭탄을 장치해서 빌딩이나 지하철 같은 곳에 두고 원격 조정법 등으로 폭발시키는데, 아직은 실용화되었다는 보도가 없다.

미사일 소개

미사일의 세계도 알고 보면 재미있다. 핵무기와 미사일은 이와 잇몸 같다.

미사일은 폭탄인 탄두warhead와 폭탄을 운반하는 운반체계delivery system의 두 부분으로 되어 있다. 탄두가 TNT이면 재래식미사일, 핵폭탄이면 핵미사일 혹은 전략미사일이라고 부른다. 탄두 쪽에 중요한 부분이 있는데, 목표를 찾아가는 눈인 시커 유닛seeker unit이다.

미사일은 크게 두 종류로 구분한다. 하나는 탄도미사일Ballistic Missile이다. 발사 후 로켓의 추진력으로 가속해서 대기권 안팎을 탄도를 그리며 날아가는 미사일이다. 비행기가 주어진 항로를 따라서 날듯이, 발사지점에서 목표지점까지 주어진 길을 포물선을 그리며 날아간다. 산악처럼 장애물이 많거나 사정거리가 긴 경우에 유용하다.

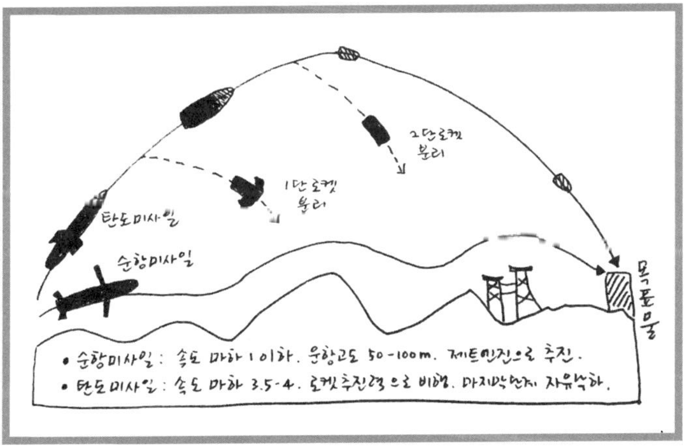

다른 하나는 순항미사일Cruise Missile이다. TERCOMTerrain Contour Matching: 지형대응이라는 유도 방식을 사용한다. 미사일에 내장된 전자계산기가 계속 지형을 측정하고, 기억한 지형과 대조하면서 궤도를 수정하며 날아간다. 낮게 날기 때문에 레이더에 잡히지 않는다. 사막이나 바다 위처럼 장애물이 적은 조건에 유용하다.

11

핵 스토리텔링

미사일의 세계

로켓이 달까지 갈 수 있다.

– 로버트 허치슨 고다드 Robert Hutchings Goddard

로버트 고다드

1920년 미국의 '로켓의 아버지' 로버트 허치슨 고다드 박사는 "로켓이 달까지 갈 수 있다."고 발표했다.

뉴욕타임스는 사설에서, 공기가 없는 우주공간에서는 추진력이 생기지 않기 때문에 로켓이 움직일 수 없다면서 고다드 박사를 '고등학생 이하 수준의 과학자'라고 혹평했다. 그러나 1969년 7월17일 뉴욕타임스는 지면을 통해서 이미 세상을 떠난 그에게 공식 사과했다. 사흘 후 아폴로 11호 우주인들은 달 표면을 걸었다.

그가 살아있어서 로켓이 오늘날 가장 중요한 무기가 된 것을 본다면 뭐라고 말할까?

미사일과
사정거리

미사일의 종류를 구분하는 기준은 여러 가지다. 복잡한 것 같지만, 사실은 쉽고 단순하다. 우선 사정거리의 차이로 명칭이 구분된다.

영문 명칭	우리말 명칭	사정거리
SRBM Short Range Ballistic Missile	단거리 탄도미사일	1,000km 혹은 그 이하
MRBM Medium Range Ballistic Missile	중거리 탄도미사일	1,000 ~3,000km
IRBM Intermediate Range Ballistic Missile	중장거리 탄도미사일	3,000 ~5,500km
ICBM Inter-Continental Ballistic Missile	대륙간 탄도미사일	5,500km 즉 3,500mile 이상

미사일과
발사 위치

미사일은 발사 위치에 따라서도 명칭이 달라진다. 발사 지점이 지상이면 G, 잠수함이면 S, 공중이면 A를 쓴다.

영문 명칭	우리말 명칭
GLCM Ground Launched Cruise Missile	지상 발사 순항미사일
GLBM Ground Launched Ballistic Missile	지상 발사 탄도미사일
SLBM Submarine Launched Ballistic Missile	잠수함 발사 탄도미사일
ALCM Air Launched Cruise Missile	공중 발사 순항미사일

미사일과 발사 및 목표 위치

미사일의 명칭에는 발사 위치와 목표 위치까지 포함한 것도 있다.

명칭	비고
공대공미사일	비행기에서 다른 비행기를 향해 발사
공대지미사일	비행기에서 땅위 목표물을 향해 발사
지대공미사일	땅위에서 비행기를 향해 발사
공대함미사일	비행기에서 함정을 향해 발사
함대공미사일	함정에서 비행기를 향해 발사

미사일과 고유 명칭

미사일 명칭에 오해하기 쉬운 것이 하나 있다. 기준과 상관없는 고유 명칭이다. 차의 경우, 크기 기준으로 소형차, 준 중형차, 중형차, 용도 기준으로 승용차, 스포츠카, 화물차, 연료 기준으로는 가솔린차, 경유차, 가스차 등으로 구분한다. 그러나 기준과 상관없이 소나타, 카니발, SM5 등 고유 명칭이 있다. 이처럼, 미사일도 고유 명칭이 있다.

미국이 총 450기를 보유하고 있는 최신 ICBM의 이름은 MINUTEMAN-III이다. 정식 이름은 LGM-30G MINUTEMAN-III이다. 미국 보잉사가 만든 지상 발사 대륙간탄도미사일이며, 사정거리 13,000km, 대기권 재돌입 속도 마하 22.75, 오차 범위 100m, 동시에 3개의 목표물을 핵공격 할 170kt 핵탄두 3발을 장착하고 있다. SLBM으로는 록히드마틴이 생산해서 1990년에 실전 배치한 UGM-133 Trident II가 있다. 미뉴트맨과 트라이던트는 고유 명칭이다.

12

핵 스토리텔링

전쟁과 살상

내가 세상을 버릴지라도
세상이 나를 버리지 못하게 하리라.

– 조조

전쟁과 도덕윤리

전투에서 적군이지만 어쨌든 사람인 상대를 죽이는 일이 도덕적으로 문제가 없는가. 이 질문에 명답을 준 저서가 라인홀드 니버Reinhold Niebuhr의 '도덕적 인간과 비도덕적 사회'Moral Man and Immoral Society다.

개인으로서의 인간은 양심과 도덕성을 가지고 있다. 그러나 가족, 도시, 국가, 세계로 공동체의 단위가 커질수록 도덕윤리와 상관없는 현상이 정상으로 받아들여진다는 것이 그의 탁월한 분석이다.

개인이 아니라 가족 단위로만 커져도 어머니는 자식들을 굶

기지 않기 위해서 피난 등 최악의 상황에서는 남의 것을 쉽게 훔친다. 자식을 굶기지 말아야 한다는 도덕적 의무감이 훔치는 비도덕적 행동을 합리화하는 작용을 하는 것이다.

도시나 지역으로 단위가 커지면 아예 대놓고 싸운다. 가덕도 신공항의 설치를 두고 부산, 경남, 경북이 싸운 것이 그 예다. 과연 어디에 새로운 공항을 설치하는 것이 가장 바람직한가라는 기준을 찾는 것은 크게 중요하지 않다. 우리 지역에 유치하는 것이 중요한 것이다.

이보다 더 커진 국가 단위로 올라가면 도덕은 존재하지 않는다. 물론 국제적인 민간단체에는 도덕윤리가 존재한다. 인권, 아동, 여성, 환경의 보호를 위한 국제단체들의 활동이 이 범주에 속한다. 그러나 국가가 기본 단위인 국제정치의 사회는 약육강식의 자연법칙만이 존재하는 세렝게티Serengeti다. 탄자니아 서부에서 케냐 남서부에 걸쳐 있는 3만 km^2가 넘는 땅이다. 식물, 초식동물, 육식동물이 균형을 이루며 공존하는 자연 그대로의 상태다. 힘센 사자가 얼룩말을 잡아먹는다고 비도덕적인 나쁜 짐승이라고 비난받지 않는다.

현실주의 국제정치이론

국제정치를 분석하는 학자들은 크게 자유주의자Liberalists와 현실주의자Realists로 나뉜다.

현실주의자들은 국가들로 구성된 국제사회를 아프리카 초원, 이를테면 세렝게티라고 본다. 이들은 국제정치의 사회를 도덕은 존재하지 않고 힘이 가장 중요한 역할을 하는 공간이라고 본다. 우리나라를 집어삼키려는 강대국에 맞설 수 있게 스스로를 지킬 힘을 기르든지 외교력을 통해서 다른 나라의 힘들을 빌리든지 하지 않고, "힘이 있다고 다른 나라를 침략하는 것은 옳은 일이 아닙니다."라고 외치는 나라는 바보멍청이라고 보는 것이 현실주의의 시각이다.

오랫동안 수없이 침략을 당한 우리에겐 뼈아픈 교훈이다. 병자호란 때, 짐승처럼 포로로 끌려간 우리 조선인의 수가 당시 인구 800~900만 명 중 약 60만 명이었다. 그 중 상당수가 여성이었다.

사살과 살인 사이

국가가 기본 단위를 이루는 국제정치의 사회가 아니라 사람과 사람이 마주 대하는 개인의 관계에서 보면 전투에서 적군을 사살하는 행위는 살인과 다를 바 없다.

다만 개인 차원에서도 상대를 죽이는 것이 도덕에 어긋나는 것이 아닌 상황도 있다. 즉, 정당방위의 경우다. 전투 상황은 정당방위가 보편화된 상황으로 볼 수 있다. 이렇게 보면 개인 수준에서도 내가 죽지 않기 위해 상대를 죽이는 행위가 정당방위로 무죄가 되는 것처럼, 전쟁은 정당방위의 상황이 일상화된 경우이므로 사살은 살인이 아니라고 볼 수 있다.

그러나 여기서도 전투와 전쟁이 이제는 군인 간에만 이루어지지 않는다는 문제가 있다. 오늘날의 전투와 전쟁은 수많은 죄 없는 민간인의 희생을 동반한다. 적군이 "나는 적군이다."라고 표시하고 다니는 것이 아니므로, 애매한 상황에서 내 목숨을 지키기 위해 의심되는 사람을 쏠 수밖에 없다는 변명이나 합리화가 가능하다.

현대의 전쟁에서는 수많은 무고한 사람들의 희생이 이미 보편화되어 있다. 그래서 전쟁을 수행하는 개인으로서의 사람도 비도덕, 비윤리성에 불가피하게 노출된다. 어떻게 하면 바로 잡을 수 있을까? 과연 바로 잡을 수는 있는 것일까?

13
핵 스토리텔링

전략
폭격기

일기장에,

"하나님 우리가 무슨 일을 한 것입니까"라고 썼다.

– 로버트 루이스 Robert A. Lewis, (히로시마 원폭투하 폭격기 부조종사)

전쟁과 인명 살상

히로시마에 원폭을 투하한 B-29 폭격기 에놀라 게이에 탑승했던 승무원은 기장 폴 티베츠Paul Tibbets 대령과 폭격수 토마스 피어비Thomas Ferebee 소령을 포함해서 모두 12명이었다.

원폭 투하 후, 그들에게 입장을 물었을 때, "하나님 우리가 무슨 일을 한 겁니까."라고 대답한 부조종사 로버트 루이스 대위와, 특별한 대답이 없었던 무기·폭탄 담당의 윌리엄 파슨스 William S. Parsons 대위를 뺀 10명은 군인으로서 명령을 따랐을 뿐이라고 대답했다.

군인이 전투에서 주저하지 않고 적군을 사살하는 것은 당연한 일이다. 만약 주저하면 자신이나 자신의 동료가 목숨을 잃게 된다. 그래서 군대에서는 망설이지 않고 적군에게 총을 쏠 수 있도록 훈련시킨다.

그런데 그런 훈련이 한계를 보인 전쟁이 베트남전쟁이다. 당시 미국 사회를 휩쓸던 반전사상은 젊은 미군들에게도 영향을 주었다. 이것이 미국 패배의 원인 중 하나다. 오늘날 베트남이 개혁, 개방을 통해 경제가 발전하고 나라가 발전하는 것을 보면 미국 패배의 의미는 다각적으로 분석할 필요가 있다.

그러나 군대와 군인의 존재 가치 그 자체만을 두고 본다면, 그리고 인류 역사에서 전쟁은 늘 부는 바람처럼 끊임없이 인간 사회에 존재한다는 점에서 본다면, 적을 죽이는 것은 군인의 비극적이지만 당연하고 불가피한 임무임에 틀림없다.

최강 폭격기

핵무기는 아예 처음부터 미사일로 쏠 수 있다. 텍사스의 핵미사일 기지에서 적국의 목표 지역으로 발사하는 것이다. 그 외 효과적인 방법이 핵미사일을 실은 폭격기가 적국의 상공에서 직접 핵무기를 투하하거나 사정거리 안의 위치에서 발사하는 것이다.

폭격기에서 직접 핵무기를 투하하는 것은 옛날 방법이다. 폭격기가 핵미사일로 쏘는 것이 효과적이다. 그래서 핵국가들은 핵무기를 실은 최강의 폭격기를 보유하려고 노력한다. 2016년 현재 세계 최강 폭격기는 미국의 B-2다.

B-2는 1993년 12월에 실전 배치된 미 공군의 스텔스 전략폭격기다. 애칭은 '스피릿'Spirits이다. 해발 15km 고공에 떠 있는 상태에서 작전이 가능하고 공중 급유 없이 9,600km(6,000마일)를 비행한다. 전 세계 분쟁지역에 재급유 없이 40시간을 비행할 수 있다. 200m의 저공비행을 할 수도 있다. 인공위성 유도 방식의 미사일 16기를 장착할 수 있고, 한번에 2천 파운드의 정밀 조준 폭탄을 투하해서 16개의 개별 목표들을 파괴할 수 있다. 대당 가격은 21억 달러(2조5,000억원)를 넘는다.

미국 차세대 폭격기 LRSB[20)]

미국은 차세대 전략폭격기 LRSBLong-Range Strike Bomber: 장거리 타격폭격기를 개발하는 중에 있다. 미 공군은 2025년까지 80~100대를 실전 배치할 계획이다.

전문가들은 LRSB가 B-2보다 크기는 절반, 중량도 4만 파운드(1.81t)가량 적지만, 항속거리와 폭장량은 대동소이할 것으로 보고 있다. 항속거리는 중간급유 없이 러시아나 중국 등 장거리 표적을 타격할 수 있는 9,260km (5,750마일) 이상이며, B61이나 B63 수소폭탄을 16발까지 장착하고 합동직격탄JDAM, 무유도 폭탄인 MK82 폭탄 등을 탑재할 수 있을 것으로 예상하고 있다.

차세대 LRSB는 내장된 각종 안테나로 지상과 공중 등 전장 정보를 진공청소기처럼 빨아들여 적의 동태를 손금 보듯이 파악하고 적의 레이더를 교란한다. 적에게 탐지되지 않고 적 영공으로 침투해서 정보를 수집하고 이를 고속으로 처리해서 다른 항공기와 지상군, 위성에 제공하고 명령을 내릴 수도 있다. 항공기를 적의 은폐된 지대공미사일 포대로 유도할 수도 있다.

개발 비용은 최소 550억 달러(약 62조 원), 최대 800억 달러(90조6,800억 원)에 이르고 폭격기 1대당 목표 가격은 5억6,400만 달러(6,400억 원)로 각각 책정됐다. 그러나 실제 비용은 이를 크게 초과할 수 있다.

LRSB는 중국이 천문학적인 돈을 투입해 구축한 반접근지역거부A2AD 전략을 무력화시키는 최선봉의 무기가 될 것으로 예상된다. A2ADanti-access area denial는 적 항공모함의 해안 접근을 막고 해안에서 일정 범위 안의 적 해상전력은 철저히 분쇄한다는 중국의 최신 전략이다. LRSB가 전격적으로 실전배치되면 A2AD는 무색해지는 것이다.

14
핵 스토리텔링

SLBM과 MIRV missile

나의 깨달은 것이 이것이라,
곧 하나님이 사람을 정직하게 지으셨으나
사람은 많은 꾀를 낸 것이니라.
– 전도서 7장 29절

사람은 착한가, 악한가

사람 속에는 착함과 악함이 함께 있다. 사람은 처음부터 선과 악을 함께 가진 존재로 만들어진 것일까?

이 의문에 대해 인류는 정답을 모른다. 인간은 일면 똑똑하고 위대하다. 그렇지만, 놀라운 자연과 광대한 우주는 인간이 얼마나 미약하고 연약한 존재인지를 깨닫게 해준다. 알지 못하고, 하지 못하는 일이 너무 많다. 의학이 발전했지만 감기를 고치는 감기약조차 아직 없다.

사람의 본성에 대한 질문에 대답이 세 개다. 첫째, 성선설이다. 맹자는 '중용'에서 인간 본성은 하늘이 사람에게 부여하는 것으로 사람은 이것을 갖고 태어난다고 했다. 그는 이것을 선이라고 했다. 서양에서는 루소가 인간의 본성은 본래 선하다고 보았다. 그는 문명과 사회 제도의 영향을 받아 인간 본성이 악하게 된다고 주장했다.

둘째, 정반대의 대답이 성악설이다. 순자는 "인간의 성품은 악하다. 선한 것은 인위다."라고 했다. 선은 선천적인 것이 아니라 후천적이라는 것이다. 서양에서는 마키아벨리Niccolo Marchiavelli가 당시의 이탈리아 사회의 부패를 보고 인간의 본성이 악하다고 단정했다. 홉스도 자연 상태가 '만인의 만인에 대한 투쟁 상태'인 이유가 인간의 악한 본성 탓이라고 보았다. 염세주의 철학자 쇼펜하우어Arthur Schopenhauer는 죄악이 인간 본성 가운데 뿌리 깊게 박혀 있어서 제거할 방법이 없다고 말했다.

성무선악설 혹은 백지설

셋째, 성무선악설 혹은 백지설이다. 고자는 인간의 본성에는 선도 악도 없다고 했다. 그는 "인간의 본성이 선과 불선으로 나뉘어 있지 않은 것은 마치 물이 동서로 나뉘어 있지 않은 것과 같다."고 했다.

서양에서는 에라스무스Desiderius Erasmus가 인간이 태어났을 때는 완성되지 않은 밀납과 같다고 했고, 로크도 인간의 마음이 선하지도 악하지도 않은 백지와 같다고 했다. 칸트Immanuel Kant 또한 도덕상의 선악은 개인의 의지에 달렸고, 인성 안에는 선에 대한 능력과 악에 대한 능력이 동시에 존재한다고 주장했다.

사람의 많은 꾀

성경의 전도서는 선과 꾀가 시차를 두고 인간 속에 자리 잡았다고 말한다. 원래는 착한 사람으로 만들어졌는데, 사탄이 인간 마음에 욕심을 집어넣었고, 인간은 욕심을 채우려고 꾀를 부리게 되었다는 것이다.

인류 최초의 전쟁 분석서인 '펠로폰네소스 전쟁사'를 쓴 투키디데스는 전쟁이 생존을 위해서가 아니라 지배하려는 욕구에서 비롯되었다고 했다. 전쟁은 생존을 위한 불가피성이 아니라 타인을 지배하려는 욕심에서 발생했다는 것이다.

사람들은 자신의 욕심을 실현하기 위해 꾀를 부린다. 한두 가지 꾀가 아니라 모든 수단과 방법을 동원한다. 함석헌선생은 '짐은 무겁고 길은 멀고'라는 제목의 짧은 글에서 꾀를 부리며 기술 발전으로 교만해진 인간에 대해서 다음처럼 적고 있다.

> 나쁜 날씨가 좋은 것은 아니나, 그로 인해 대자연을 잊고 교만에 빠진 인간이 저를 좀 반성하게 된다면 도리어 다행입니다. 이 건방진 기술 인간, 꾀의 인간은 천재지변이나 있어야 겨우 이웃을 알고 전체를 생각하며, 제 속에 할딱이는 양심이 있고 아득한 저 밖에 엄연히 보는 눈이 있는 것을 느끼지, 그렇지 않으면 그저 제 만든 소꿉터에서 까불고 돌아가다가 저만 망할 뿐 아니라 불을 놓아 세계를 망치고 말 것입니다.[21]

전쟁과 무기 개발에 모든 꾀를 동원하는 인간에게 딱 들어맞는 경고의 말이다. 아마도 이런 인간 꾀를 잘 엿볼 수 있는 무기가 SLBM과 MIRV 미사일이 아닌가싶다.

SLBM

잠수함발사탄도미사일Submarine-Launched Ballistic Missile: SLBM은 말 그대로 바다 속에서 잠수함이 발사하는 핵탄도미사일이다. 잠수함이 핵무기를 싣고 다니면서 발사하는 전략은 여러 가지

장점이 있다. 바다는 너무 넓고 깊어서 적의 탐지에 잘 걸리지 않는다. 적이 눈치 채지 않게 슬그머니 적의 코앞까지 다가갈 수 있다. 게다가 수중 20~40m에서 발사되므로 발사 준비여부를 알기 어렵다. 잠수함이 적국에 가능한 가까이 다가가서 미사일을 발사하면 적은 이를 방어할 시간적 여유가 없어진다. 날아오는 적국의 탄도미사일을 맞춰 떨어뜨리기 위해 발사되는 ABMAnti-ballistic Missile의 효용성이 크게 떨어지는 것이다.[22)]

따라서, SLBM은 보복을 위한 제2타격력 확보에 큰 효용성을 가진 무기체계라고 할 수 있다. SLBM은 미사일이 수중에서 점화되는 핫론칭hot launching과 물 밖에서 점화되는 콜드론칭cold launching의 두 가지 방식이 있다.

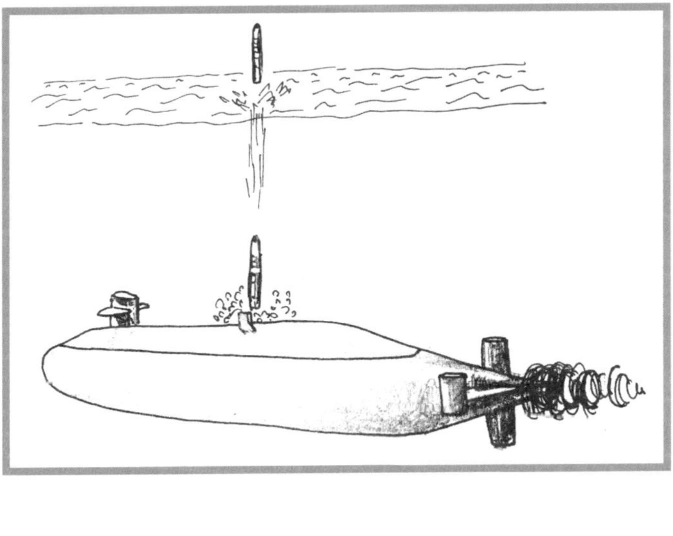

SLBM 중에는 ICBM도 있다. 지상에서 발사를 준비하면 그 움직임이 포착되기 쉽다. SLBM은 수중에서 발사하기 때문에 그런 약점을 극복할 수 있다. SLBM을 발사하는 잠수함을 SSBN이라고 한다. SSBN은 '잠수함Submarine+탄도Ballistic+핵Nuclear'의 합성어인데, 탄도유도탄잠수함Ballistic missile submarine을 대신해서 더 자주 사용하는 명칭이다.

MIRV 미사일

MIRVMultiple independendently targetable re-entry vehicle미사일은 한 개의 미사일로 발사되지만, 대기권 안으로 진입하면서 탄두가 분리되고 그 안에 있던 최대 12개의 미사일들이 각각의 표적을 향해 날아가는 분리탄두를 지칭한다.

날아가는 도중에 핵탄두 부분이 열리면서 그 안에 장착된 여러 개의 미사일들이 각자의 목표물을 향해 독립적으로 날아가서 타격하게 된다. 미사일에 대한 적의 격추 공격을 차단하기 위해 고안한 미사일이다.

우리말로는 개별유도 복수목표탄두, 다핵탄두 미사일, 다목표탄두, 다탄두 독립목표 재돌입탄도탄 등으로 번역하는데, 복잡하기 때문에 그냥 MIRV미사일이라고 부른다.

잠수함에서 발사하는 SLBM도 MIRV 미사일이 많다.

핵무기 이론

15
핵 스토리텔링

억지와
최소억지전략

전쟁, 갈등, 범죄를 막기 위해서는,
이를 일으켰을 때의 손해가 얻을 이익보다 커야 한다.

– 토마스 홉스 Thomas Hobbes

전쟁 승리와 억지

전문적으로 공부하는 사람이 아니면 전쟁에 대해 구체적인 생각을 할 기회가 없고 따라서 잘 모르는 것이 정상이다.

일반인은 전쟁이 일어나면 이기는 것이 가장 중요하다는 생각을 먼저 한다. 전쟁에서 중요한 것은 승리하는 것이고, 승리를 위해서 유비무한의 태세를 잘 갖추는 것이 가장 중요하다고 생각한다. 분명히 맞는 말이다.

그러나 생각하고 싶지 않은 전쟁 상황을 한번 생각해 보자. 적이 서울을 공격해서 수만 명의 사망자와 부상자가 생기고, 빌딩, 관공서, 주택들이 파괴된다. 그러면 어떤 일이 생길까?

죽은 사람, 병원가야 하는 사람이 문제가 아니다. 도시 기능이 마비된다. 아직 몸에 전혀 상처가 없는 사람도 점점 정상적인 생활이 어렵게 된다. 더 큰 문제는 한국의 전쟁 상황이 순식간에 전 세계에 알려지면서 수출과 투자가 끊기고 외국 기업과 자본이 물밀듯이 빠져 나간다.

한국 GDP의 60%가량이 수출에서 벌어들이는 것이다. 전쟁으로 인한 경제 마비는 한국인의 삶을 1970년대 이전, 가난에 허덕이는 시절로 되돌릴 것이다.

그래서 전쟁이 일어난 다음 승리하는 것보다는 전쟁이 일어나지 않게 하는 것이 더 중요하고 필요하다. 이를 억지deterrence라고 한다. 전쟁 승리보다 전쟁 억지가 훨씬 값진 것이다. 국제정치학자들이 한 목소리로 한미동맹의 중요성을 강조하는 것은 한미동맹이 한반도의 억지력의 근원이기 때문이다. 만약, 미국 없이 한국만의 군사력으로 적을 막으려했다면 억지력은 없었을 것이고 한반도에는 수차례에 걸쳐 심각한 무력충돌이 이미 일어났을 수 있다. 그리고 아마도 지금같이 발전된 한국경제도 없었을 것이다.

핵무기의 억지력

핵무기는 재래식무기와 다른 독특한 특성을 가지고 있다. 재래식무기에서는 상대보다 무기의 수와 질이 앞서야만 억지가 성립된다.

그러나 핵무기의 세계는 다르다. 보유한 핵무기의 수가 적다 해도 숫자와 질적 능력이 적정 수준 이상이면 훨씬 많은 핵무기를 가진 핵강대국이라도 공격을 못하게 만든다. 이것이 '최소억지전략'이다. 국가들이 핵무기를 갖고자 하는 이유가 바로 여기에 있다.

미국과 러시아의 핵무기는 수 천 개인데 비해, 영국, 프랑스, 중국은 수 백 개다. 재래식 무기의 전략 개념에서라면 핵무기가 많은 나라가 전쟁에서 이긴다. 그러나 핵무기는 다르다. 예컨대, 영국이 미국의 공격을 받은 후, 뉴욕 하나를 확실하게 날려버리는 보복을 할 수 있으면, 미국은 영국을 핵공격하지 못한다.

전쟁 승리와 억지

최소억지전략을 성립시키는 근거는 '감당할 수 없는 손실'unacceptable damage이다.

A국가가 B국가를 핵공격하고 싶어도, B국가가 보복 핵공격으로 A국가의 대도시, 국가 핵심시설 혹은 주요 산업시설을 상당 수준 파괴할 능력이 있을 경우, A국가는 공격을 단념할 수밖에 없다. A국가는 B국가의 핵 보복으로 입게 될 대도시 인구의 사망과 부상, 핵발전소나 대규모 에너지 저장시설의 파괴, 혹은 국제공항이나 대규모 공업단지 등 주요 시설의 파괴를 감내할 수 없다. 여기서 말하는 감내하기 어려운 피해 수준이 '감당할 수 없는 손실'이다.

국제정치의 세계는 흔히 중국의 무림, 미국의 서부개척, 조폭 세계에 비유된다. 힘이 곧 정의인 세상이다. 앞서 이런 비유를 소개했다. 싸움에서 상대를 반드시 죽이고 절대로 지지 않는 싸움의 최고수가 있다. 그의 상대는 반드시 죽는다. 그런데, 어떤 고수가 최고수는 아니지만 싸움에서 상대의 눈을 공격해서 반드시 맹인으로 만드는 능력이 있다. 이기지는 못해도 상대는 맹인이 되는 것이다. 그렇다면, 싸움의 최고수가 이 고수를 상대로 싸움을 벌이려고 할까. 대답은 '아니다'이다.

상대를 죽이는 대가로 눈을 잃는 것은 '감당할 수 없는 손실'이다. 그래서 싸움을 걸 수 없는 것이다. 이것이 곧 핵무기 시대의 '최소억지' 개념이다. 즉, 적정수준의 핵무기를 보유함으로써 핵초강대국이라고 할지라도 자신을 공격할 수 없게 만드는 전략, 그것이 '최소억지전략'이다.

인질 개념과 전쟁 방지

핵전략에서의 '인질'hostage 개념은 핵무기의 세계가 가진 아이러니를 보여준다. 핵전략이론은 핵강대국인 A국가가 다른 핵강대국 B국가에게 "내가 너를 공격할 의사가 전혀 없다."라고 확실히 알리는 방법으로서 A국가가 인구 천 만 명이 넘는 대도시에 전혀 군사적 방어 체계를 구축하지 않는 것이라고 말한다. 방어체계를 구축하지 않는 것은 선제 핵공격의 의사가 없음을 적국에게 알리는 것이 되어서 핵전쟁을 방지할 수 있다는 것이다.

이것이 핵전쟁 방지를 위한 '인질' 개념이다. 일반적인 상황에서 적의 핵공격으로부터 대도시를 보호하지 않는 것은 상상하기 힘들다. '인질' 개념은 아마도 의심과 오인으로 인해서 핵전쟁이 벌어질 수 있는 위기 상황에서 핵전쟁을 피할 수 있는 하나의 이론적인 방법론으로 제시된 것이 아닌가 한다.

16

핵 스토리텔링

제1타격력, 제2타격력, 핵잔존능력

전쟁이란 속임수를 써야 한다.
그러므로 능력이 있으면서도 없는 것처럼 보이고,
사용할 것인데도 사용하지 않을 것처럼 보인다.

– 손자병법의 계편 중에서

핵전략 기초 개념

몇 가지 기초적인 개념을 알면 핵전략의 핵심을 마스터할 수 있다. 억지와 최소억지전략은 앞서 공부했다. 이와 관련된 세 가지 개념이 있다. 이전에 들은 적이 없는 용어라서 어렵게 느껴질 수 있지만, 사실은 대단히 쉽다.

제1타격력 first strike capability

핵국가들 사이의 전쟁에서 어떤 국가가 승리를 원하면, 상대의 핵무기를 먼저 완전히 파괴해서 핵 보복을 막아야 한다.

이처럼, 상대의 핵무기 전체를 전쟁 시작과 함께 완전히 파괴할 수 있는 능력, 즉 핵 선제공격을 통해서 보복 공격의 가능성을 완전히 없앨 수 있는 능력을 '제1타격력'이라고 한다.

그러나 이 같은 능력은 뒤에서 설명할 **SDI**와 같은 능력을 독점적으로 가지지 않는 한 불가능하다.

제2타격력
second strike capability

핵중소국이 핵강대국의 선제공격을 받았지만, 핵무기의 일부를 잘 보존해서 선제공격을 한 국가에게 감당할 수 없는 손실을 입힐 수 있다면, 이것은 곧 선제공격을 막는 능력이 된다.

이처럼, 선제공격을 막을 수 있는 보복 능력을 '제2타격력'이라고 한다. 최소억지전략은 이 제2타격력의 개념에 기초한다. 그리고 이 제2타격력은 핵잔존능력에 의거한다.

핵잔존능력

핵강대국의 선제공격을 받았지만, 핵무기 일부를 잘 보존하고 있다가, 공격한 나라의 대도시 혹은 주요 산업시설들을 대파하는 보복 핵 공격을 할 능력이 있으면, 핵 강대국이라 할지라도 공격을 할 수 없다.

이 때, 보복을 위해서 잘 보존한 핵무기들을 '핵잔존능력'이라고 한다. 효과적인 핵 공격을 위해서 그리고 특히 핵잔존능력의 확보를 위해서 활용되는 주요 방법으로는 크게 두 가지가 있다.

첫째, 핵미사일을 폭격기, 잠수함, 기차, 대형 트레일러 등에 싣고 24시간 움직인다. 위치가 고정 되지 않음으로써 적의 제1타격을 피해 핵무기 잔존 확률을 높이는 것이다. 둘째, 핵미사일의 발사대(사일로 silo)를 가진 기지를 만들 때, 많은 수의 가짜 사일로를 만들어 적국을 속이는 것이다.

핵전쟁의 가능성

흔히 역사에는 가정이 없다고 한다. 그러나 만약 히틀러의 나치 독일이 핵무기를 개발, 사용하고 바로 이어서 연합국이 핵무기를 개발했다면, 나치 독일을 막기 위해서 연합국도 핵무기를 사용하고 따라서 핵무기로 서로 공격하는 핵전쟁이 벌어졌을 것이다.

국제정치학자들이 전통적으로 염려해온 핵전쟁 가능성은 비이성적 독재자가 핵무기를 갖는 경우다. 히틀러 같은 독재자라면 핵전쟁을 벌였을 가능성이 높다. 오늘날에는 극단주의 테러 집단이 핵무기를 보유하면 사용할 가능성이 높아진다고 보고 있다.

가상 스토리지만, 수 천 개의 핵무기를 가진 핵초강대국의 독재자가 수 십 개의 핵무기를 가진 핵소국을, 보복으로 인한 엄청난 피해에도 불구하고, 공격하기로 작정한다면 핵전쟁임에도 승리할 수는 있다. 그러나 이 경우에도 전쟁을 벌이는 두 국가만이 현재의 세계 속에 존재하는 것은 아니라는 사실이 고려되어야 한다.

즉, 독재자의 핵초강대국을 제외한 다른 핵국가들이 독재자의 핵전쟁을 방지하거나 패퇴시키기 위해서 핵동맹을 형성할 것이기 때문에 승리하기 위해서 핵전쟁을 벌일 가능성은 낮아지는 것이다. 그러나 이 모든 상황을 무시할 수 있는 비이성적 지도자가 없으라는 법은 없다.

17
핵 스토리텔링

핵초강대국 간의 경쟁

**당신은 전쟁에 관심이 없을지 몰라도
전쟁은 당신에게 관심이 있다.**

– 레온 트로츠키 Leon Trotsky

냉전과 군비경쟁

1945년 제2차 세계대전이 끝난 이후 1991년 소련이 붕괴될 때까지를 냉전시기라고 부른다.

서방진영의 종주국인 미국과 공산진영의 종주국인 소련은 이 기간 동안 군사적 우위를 확보하기 위해서 혹은 적어도 상대에 대한 취약성을 피하기 위해서 치열한 군사력 증강 경쟁을 벌였다. 이 경쟁은 특히 핵군비 부문에서 치열했다.

핵초강대국, 미국과 러시아

미국과 러시아는 2002년 '전략공격무기감축협정'SORT을 체결했다. 작전 배치하는 핵탄두 수를 2012년까지 1,700~2,200기로 감축하는 약속이다.

스톡홀름국제평화문제연구소SIPRI의 2014년 자료에 따르면, 미국과 러시아의 보유율은 전 세계 핵탄두와 ICBM의 95%이다. 미국은 전략 핵탄두를 2,100기, 러시아는 1,600기를 실전 배치하고 있다. 보유 핵탄두 수는 미국이 5,200기, 러시아가 6,400기이다.

공포의 균형 balance of terror

미·소 군비 경쟁의 목적은 전쟁 승리 혹은 최소한 패배하지 않는데 있었다. 이런 치열한 경쟁으로 인해서 미국과 소련은 둘 다 상대를 확실히 파괴하기에 충분한 핵무기 능력을 가지게 되었다. 그리고 아이러니하게도, 이런 충분한 핵능력 때문에 양국은 오히려 전쟁을 할 수 없었다. 둘 다 가공할 규모의 핵무기를 가지고 있기 때문에 전쟁이 현실적으로 불가능해졌던 것이다.

미국과 소련의 이해관계가 반영된 대리전쟁, 그래서 미국과 소련이 그 전쟁에 간접적으로 참여한 전쟁은 2차 대전 이후 수차례 있었다. 그러나 대규모 핵능력을 지닌 양국은 서로를 직접 상대하는 전쟁은 벌일 수가 없었다. 국제정치학은 이 상태를 '공포의 균형'이라고 부른다.

상호확실파괴
Mutual Assured Destruction: MAD

'상호확실파괴'는 '자국의 핵 군사력에 대한 공격을 모두 흡수하고도 공격국에게 대량 보복을 감행할 수 있는 상호간의 능력'을 뜻한다.

이 능력은 전면 핵전쟁을 억지하고 재래식 전쟁의 가능성도 낮춘다. 상호 확실하게 파괴할 수 있으므로 오히려 전쟁이 일어나기 어려운 상태, 거꾸로 말해서 전쟁을 피하기 위해서 서로를 확실하게 파괴할 능력을 가져야 하는 군사적 선택과 행위, 그것의 영어 약자는 MAD 즉, '미친 짓'이다.

상호확실파괴와 한반도

상호확실파괴 개념을 한반도에 대입하면 어떤 얘기가 가능할까. 남북한 둘 다 핵무기를 보유하고, 나아가 상호확실파괴 능력을 가지면 둘 간의 전쟁 가능성은 거의 없어진다.

한국은 일본, 대만과 함께 잠재적 핵보유국이다. 민간 핵발전 프로그램과 민간 및 군사용 양쪽으로 다 이용가능한 기술을 바탕으로 2년이면 핵무기를 보유할 수 있다.

그러면 남북한이 둘 다 핵무기를 만들어 보유하는 것이 바람직한가. 핵무기 보유는 어떤 강대국에 대해서도 '노'No라고 말할 수 있는 능력의 확보를 의미한다. 그렇기 때문에 한반도에서 자국의 이익을 실현하려는 주변 강대국들에게 핵무기를 가진 통일한국의 등장은 받아들이기 어렵다.

남북한이 통일을 하기 위해서는 한반도 비핵화가 그래서 중요하다. 북한의 핵위협을 피하는 가장 현실적인 길은 한국도 핵무기를 가지는 것이지만, 그렇게 되면 통일에 필요한 주변국들의 협력을 구하는 것은 어려워진다. 물론, 남한의 핵무기 보유 그 자체도 강대국들의 반대, 견제, 제재 속에서 결코 쉽게 가능한 일은 아니다.

18
핵 스토리텔링

핵 위험성을 줄이려는 노력

핵무기에 연습이란 없다.
한 번의 실수가 지구를 멸망시킬 것이다.

– 로버트 맥나마라 Robert McNamara

핵전쟁 공포의 결과

생명을 보존하고 전쟁을 막기 위한 인류의 희망은 불행히도 더 많은 수의, 더 좋은 성능의 무기를 보유하는 기이한 방향으로 흘러왔다.

전쟁 가능성이 있는 나라들이 대화를 통해서 오해를 풀고 타협과 양보를 하면 무기 생산이 아닌 다른 방향으로 전쟁을 해결할 수도 있을 텐데, 현실은 전혀 다르다. 이것이 인류사회의 근본 비극이다.

국제정치학에서는 이를 군비경쟁의 '에스컬레이션'이라고 부른다. 내가 무기 100개를 만들면 상대는 150개를 만들고, 내가 다시 200개를 만들면 상대는 300개를 만들고, 이렇게 군비경쟁이 확산되는 것이, 국가들이 서로 적대하는 국제사회의 민낯이다.

그래서, 적국의 핵무기를 두려워한 국가들이 벌인 핵군비경쟁의 결과 1986년 전 세계가 보유한 핵탄두의 총수는 무려 69,368개에 달했다.[23] 2015년 현재의 15,800개에 비교하면 어마어마하게 많은 핵탄두다.[24]

핵군비통제

전 세계가 보유한 핵무기 수가 이렇게 크게 줄어든 것은 미국과 소련(현 러시아)이 핵군비통제에 성공했기 때문이다. 그러면, 어떻게 미국과 러시아는 군비경쟁의 에스컬레이션을 극복하고 핵무기 수를 줄일 수 있었을까? 그리고 이것은 평화의 가능성을 암시하는 것일까?

먼저 개념을 살펴보자. 군사력의 규모를 인위적으로 조정하는 것을 군비통제arms control라고 부른다. 군비통제에는 두 가지가 있다. 하나는 상한선을 규정하는 군비제한arms limitation이다. 두 국가가 서로의 군인 수를 최대 50만 명, 전투기의 수를 200대로 한정하는 것이 군비제한이다.

다른 하나는 군비감축arms reduction이다. 두 국가가 서로의 군사력을 현재보다 줄이는 것이다. 군인 수 50만 명과 전투기 200대를 향후 5년 간 30만 명, 100대로 줄이는 것이 군비감축이다.

이 개념의 앞에 '핵'을 붙이면 곧 핵무기에 대한 핵군비통제, 핵군비제한, 핵군비감축이 된다.

합리성의 발동

미국과 러시아, 두 핵초강대국이 핵군비통제에 성공한 것은 세 가지 이유 때문이다. 첫째, 핵무기가 너무 많으면 그만큼 위험성이 증대한다. 관리가 힘들고 혹시 도난당한 핵무기가 적성국이나 테러집단에 들어가는 경우에는 국가이익에 치명타를 입게 된다. 따라서 관리가 가능한 적정 수를 유지하는 것이 더 낫다.

둘째, 관리에는 많은 인력과 비용이 소요된다. 핵무기가 많을수록 더 많은 예산이 필요하다. 핵무기를 적정 수로 유지하면, 경제, 복지, 교육 등의 예산을 늘릴 수 있다. 군비 과다로 인한 예산과 경제적 어려움을 완화할 수 있는 것이다.

셋째, 핵무기의 성능을 계속 발전시키므로 핵무기 수가 많을 필요는 없다. 핵초강대국들은 핵무기의 성능을 발전시키는 '수직적 핵확산'을 통해서 이전에 10개의 핵무기가 가진 위력을 1개의 핵무기로 충당할 수 있다.

그러므로, 핵군비통제가 곧 평화의 가능성을 보여준다는 생각은 선부르다. 위험성, 관리, 경제적 어려움의 이유에서 핵무기의 수를 줄이기는 했지만, 여전히 인류는 지구를 몇 번이고 가루로 만들 수 있는 핵능력을 가지고 있다. 그리고 기술적으로는 더 향상되고 있다.

전략무기제한회담(혹은 협정)
Strategic Arms Limitation Talks or Treaty: SALT

미국과 소련은 핵군비경쟁으로 인한 위험성과 경제적 손실 증대를 피하기 위해서 군비제한을 목표로 대화를 시작했고, 마침내 두 번의 협정 체결에 성공했다.

1972년의 SALT I 체결, 1975년 SALT II 체결, 그리고 1982년 이후 논의한 SALT III는 핵군비 제한을 넘어서서 감축을 논의하고 협정을 체결한 START로 발전했다.

전략무기감축회담(혹은 협정)

Strategic Arms Reduction Talks or Treaty: START

1991년 7월 31일, 미국의 조지 부시 대통령과 소련의 미하일 고르바초프 대통령은 START에 조인했다.

그러나 소련 붕괴 등 복잡한 사정으로 START는 1994년이 되어서야 발효되었다. 협정 시한은 15년으로, 2009년 12월 5일에 그 효력이 상실되는 협정이었다.

주요 내용은 미국과 소련 양국이 핵탄두 6,000개, ICBM 1,600기만 보유한다는 것이다. START는 핵무기 감축을 목표로 한다는 점에서 SALT의 상한선 설정보다 진일보한 군비통제다.

신전략무기감축협정

New Strategic Arms Reduction Treaty: New START

1991년의 START 타결 20년 후인 2011년 2월 5일, 미국과 러시아 간에 발효된 새로운 포괄적 핵무기 감축 협정이다.

미국과 러시아가 2018년까지 실전 배치 수량을 발사 및 운용 장치는 700개로, 전략 핵탄두는 1,550기로 줄이는 것이 핵심 내용이다. 2015년 9월 28일 현재, 보유 및 실전 배치 핵탄

두 수는 미국이 7,200개와 1,900개, 러시아가 7,500개와 1,780개다.[25]

19

핵 스토리텔링

핵무기 확산 방지의 겉과 속

당신이 지금 달린다면 패배할 가능성이 있다.
하지만 당신이 달리지 않는다면 당신은 이미 진 것이다.

– 버락 오바마 Barack Obama

핵보유국

전 세계 국가 수는 통계를 내는 기준에 따라 다르다. 2014년 현재, 국제법상으로는 242개의 나라가 있다. 여기에는 버진 아일랜드, 홍콩, 마카오 등 비독립국가도 포함된다. 세계은행 기준으로는 229개국이고, 유엔에 가입한 국가는 192개국이다.

이 가운데, 주요 핵보유국은 미국, 러시아, 영국, 프랑스, 중국이다. '힘이 곧 정의'인 국제정치에서 이들 5개국이 유엔의 모든 중대 사안을 결정하는 유엔 안전보장이사회 상임이사국인 것은 이상할 것이 없다. 낭연한 일이다.

그 외, 인도, 파키스탄, 이스라엘이 핵보유국이다. 북한도 핵무기를 보유하고 있고 북한 스스로는 핵보유국이라 주장하지만, 국제사회는 이를 인정하지 않고 있다.

북한을 핵보유국으로 인정하지 않는 이유는 여러 가지다. 그 중 가장 큰 이유는 국제사회가 핵무기 확산을 반대하기 때문이다. 핵무기는 인류를 멸망시킬 수 있는 절대무기이기 때문에 이미 가진 보유국은 어쩔 수 없다고 해도, 더 이상 늘어나지는 말아야 한다는 것이 국제사회의 지배적 견해다.

핵무기의 확산을 방지하기 위해 설치된 제도는 크게 둘이다. '핵확산방지조약'NPT과 국제원자력기구IAEA다.

핵확산방지조약
Nuclear Non-Proliferation Treaty: NPT

NPT는 핵무기 확산을 제한, 방지하는데 목적을 둔 국제조약이다. 아일랜드와 핀란드가 최초로 제안하고, 1970년 3월 5일에 조약이 발효되었다.

2015년 현재 189개 국가가 가입해 있다. NPT조약의 주요 내용은 확산방지, 군축, 핵의 평화적 이용 등 세 가지다. NPT조약은 체결 당시 효력을 25년으로 제한했으나, 1995년 5월 11일 뉴욕에서 개최된 검토회의Review Conference에서 회원국들은 효력기한을 조건 없이 무제한으로 연장했다. 회원국이던 북한은 2003년에 탈퇴했다.

NPT의 논리 대 현실

NPT는 핵의 평화적 이용은 보장하되, 핵무기 보유의 확산은 인류 전체의 안전을 위협하는 일이므로 방지해야 한다는 논리를 가지고 있다. 또한, 주요 핵무기 보유국들은 핵을 가지기를 원하는 국가들의 핵 통제 능력에 문제가 있다는 주장을 하기도 한다.

NPT의 핵무기 위험성 논리와는 반대로 기존 핵보유국들의 핵무기 능력은 줄어들지 않고 있는 것이 현실이다. 오히려 늘어나고 있다. 미국과 러시아가 핵무기의 제한과 감축 회담을 통해서 핵무기 숫자를 줄여왔지만, 그들이 발전시켜온 핵무기의 질적 향상을 고려하면 주요 핵국가들의 핵무기 능력은 사실상 증대되어 온 것이다.

이처럼 핵무기 보유국이 기술 개발과 새로운 핵 실험을 통해서 핵 성능과 능력을 증대시키는 것을 '수직적 핵확산'이라 하고, 핵무기가 없는 국가들이 핵무기를 갖게 되는 것을 '수평적 핵확산'이라고 한다.

핵불평등과 핵주권

'핵불평등'은 핵무기 보유를 원하는 비핵국가들이 가진 논리다. 핵국가들은 수직적 핵확산을 지속하면서 다른 국가들의 핵무기 보유는 반대한다. 이것이 '핵불평등'이다.

연관된 개념이 '핵주권'이다. 즉, 핵무기 보유 여부는 각 국가들이 스스로 결정할 주권의 문제라는 것이다. 북한의 핵보유국 선언도 이 두 가지 논리를 바탕으로 하고 있다.

이런 주장과 달리, 비핵국가들의 핵무기 보유 노력은 북한과 이란의 경우에서 보듯이 주요 핵국가들의 강력한 반대에 부딪힌다. 이것이 현실이다.

국제원자력기구
International Atomic Energy Agency: IAEA

IAEA는 핵에너지의 군사적 이용을 막는 한편 평화적 이용을 장려하기 위해서 1957년 7월 29일 유엔총회 아래 설치한 준독립 국제기구다.

2008년 현재 회원국 수는 145개국이고, 한국은 1957년, 북한은 1974년에 가입했다. 본부는 오스트리아의 빈에 있다.

IAEA의 특징은 사찰권에 있다. IAEA는 회원국들에 대해 핵에너지가 평화적 목적에 사용되고 있는지 사찰할 권한을 가지고 있는 것이다. 1990년대, 북한의 핵무기 개발 의혹에 대해 IAEA와 북한은 사찰과 사찰단 추방의 갈등을 반복했었다.

대량살상무기확산방지구상
Proliferation Security Initiative: PSI

핵무기 확산을 방지하기 위한 또 다른 제도로 PSI가 있다. PSI는 핵무기, 미사일, 생화학무기 등 대량살상무기와 테러의 국제적 확산을 방지하기 위한 활동이다. 불법무기, 대량살상무기, 제조용 물질을 실은 선박 등을 물리적으로 차단하는 활동을 포함한다.

2003년 5월에 조지 부시 미국 대통령의 주도로 발족했으나, 국제법상 대량살상무기의 수출을 포괄적으로 금지하는 규정이 없어서 실효성이 약하다. 한국은 2009년 5월 회원국이 되었다.

각국의 핵정책

20
핵 스토리텔링

일본의 치밀한 핵정책

일본은 핵무기를 제조할 수 있는 플루토늄을 47톤 이상 보유하고 있다. 나가사키에 투하된 핵탄두를 6천개 만들기에 충분한 량이다.

– 피터 윈 커비 Peter Wynn Kirby, 옥스퍼드대학 핵전문가
The New York Times 2015.8.16.

일본을 무시하는 한국

영국의 어떤 학자가 말했다. 한국인이 정말 이해가 안 되는 것 중 하나가, 식민 지배를 당하고서도 일본이 얼마나 무서운 나라인줄을 모르고 일본을 무시한다는 것이다.

일본의 힘과 저력이 어느 정도인지를 설명할 수 있는 자료들은 대단히 많다. 경제, 기술, 군사, 기초 학문의 저력, 국민성 등 누구나 뒤져보면 알 수 있는 것은 빼고 두 가지만 들어보자. 하나는, 자랑스럽게 말하기는 좀 그렇지만, 세계 대전을 기획하고 이행한 능력이다. 일본은 2차 대전 때 이미 연합군 조종사들에게 공포의 대상이던 A6M제로센 전투기를 생산했고, '시나노'를 비롯

한 항공모함을 만들었다. 한국은 훈련용 전투기를 만들고 있다.

일본의 저력은 물리력 못지않게 외교 정책에 있다. 19세기 말과 20세기 초, 세계적 근대화의 변환기에 영국과 동맹을 맺고, 미국과의 협상을 통해 아시아에 대한 지배권을 얻었다. 지금도 일본은 미국이 반드시 필요로 하는 최고의 동맹국 지위를 외교를 통해서 유지하고 있다. 남북통일에는 미국의 협력이 절실한데, 한국은 과연 독일통일의 경우처럼 미국의 전폭적인 지원을 얻을 수 있을지 진지하게 생각해볼 일이다.

비핵3원칙

핵무기에 대해서 일본이 지금까지도 계속 유지하고 있는 공식 입장은 '비핵3원칙'이다.

비핵3원칙은 1967년 12월 11일 중의원 예산위원회에서 처음 제기되었다. 사회당이 오가사와라제도 반환 문제와 관련해서 핵무기 반입문제를 제기하자, 사토 에이사쿠 수상은 "본인은 핵무기의 3원칙, 즉 핵무기를 제조하지 않으며, 핵무기를 보유하지 않으며, 핵무기의 반입을 허용하지 않는다."고 발언했다. 이 원칙이 1971년 11월 국회에서 결의됨으로써, 핵무기에 대한 일본의 공식 입장이 되었다.

일본 내에 미국의 핵무기가 배치되어 있기 때문에, 비핵3원칙은 일본인의 정서를 상징하는 '다테마에'라고 하겠다. '혼네'는 숨겨진 속마음, '다테마에'는 말하는 사람과 듣는 사람 간의 관계를 잘 유지하고 서로 체면을 지키기 위해서 상대방이 듣기 좋은 말로 표현하는 일본 특유의 양면성을 일컫는다.

반핵 이미지의 적극 활용

사실 일본은 필요시 언제든 핵무기를 제조할 수 있는 능력과, 제조에 필요한 자원의 확보에 최선을 다해왔다.

동시에 일본은 비핵3원칙에서 보듯이 평화애호국의 이미지 구축에도 최선을 다해왔다. 그 일환으로 히로시마와 나가사키도 적극 활용했다. 일본은 히로시마평화기념관(원폭돔)을 핵무기의 궁극적 폐기와 세계 평화에 대한 인류의 희망으로 상징화하고 1996년 유네스코에 세계유산으로 등재했다.

일본은 지배와 착취가 아니라 아시아 국가들을 서구 열강으로부터 지키기 위해서 전쟁을 선택했었다는 이미지, 그리고 세계에서 유일한 원폭 투하의 희생국이라는 이미지를 전파해왔다. 일본은 비핵화와 평화를 희망하는 나라라는 이미지를 구축하기 위해 애써온 것이다.

뒤에서는 핵능력을 치밀하게 갖추면서, 앞에서는 비핵과 평화 애호의 이미지를 구축하는 것이 일본의 전략인 것이다.

일본의 Nt 핵정책

국제정치학의 핵정책 연구는 핵무기를 가진 국가를 Nth국가, 제조 능력이 있지만 단지 보유하지만 않은 국가를 Nt국가로 구분한다.

일본은 핵무기를 제조, 보유하고 있지는 않지만 핵무기 제조의 모든 능력을 갖춘 전형적인 Nt국가다. 일본은 수 개 월 안에 최소 수 십 개의 핵무기를 제조할 능력을 가진 국가다.

2014년 9월 16일, 일본 정부는 2013년 말 보유한 플루토늄 총량이 47.1t이고, 이 중 핵분열성 플루토늄은 약 31.4t라고 밝혔다. 일본은 플루토늄과 함께 '핵연료 주기' 즉, 채광, 정제, 사용, 처분 등 핵연료 사용과 관련한 전 과정의 시설을 완비하고 있다. 그래서 마음만 먹으면 언제든 핵무기를 양산할 수 있는 것이다.

IAEA가 "북한의 핵 처리 시설이 2004년 이후 거의 완전 가동을 해서, 매년 1~2개의 핵무기를 만들 수 있는 약 10kg의 플루토늄을 생산할 수 있다."고 밝힌 바 있는데, 이 기준을 대입하면 일본이 현재의 플루토늄으로 몇 개의 핵무기를 제조할 수 있는지 쉽게 계산이 나온다. 최대 6,000개다.

미국의 핵우산

핵우산은 동맹국을 위한 핵보복을 약속함으로써 동맹국이 가상 적국의 핵공격을 받지 않도록 하는 전략을 말한다.

즉, 미국의 일본에 대한 핵우산은 일본이 핵 공격의 위협을 받으면 미국은 이를 미국에 대한 핵 공격 위협으로 간주한다는 것이다. 일본이 핵 공격을 받을 위기를 맞으면, 미국은 핵우산을 제공하고 일본은 그 아래에서 단기간에 많은 수의 핵무기를 생산하는 것이다.

미국의 한국에 대한 핵우산 제공은 1978년 한미연례안보협의회에서 명문화되었다. 그러나 한국이 핵공격을 받을 경우 미국이 어떤 수준의 대응을 하는지 구체적인 지침이 없다. 그래서 한국에 대한 미국 핵우산은 그 실효성에 의문이 남아있는 상태다.

21

핵 스토리텔링

이스라엘의 영리한 핵정책

전쟁이 불가피하다면 상대가 공격하기 전에
먼저 공격한다.

– 이스라엘의 예방전쟁 개념

파란만장한 이스라엘 건국사

아브라함으로부터 시작된 부족국가 건설, 400년 동안의 이집트 노예 생활과 모세의 출애굽, 다윗과 솔로몬의 고대 이스라엘 국가 건설, 아시리아와 바벨론에 의한 멸망 등 고대 이스라엘의 역사는 파란만장하다.

유대인들은 제2차 세계대전의 종전과 함께, 그들 조상의 땅에 다시 나라를 세운다. 1948년 5월 14일, 이스라엘의 건국이 선포되었다. 그러자 곧바로 이집트, 요르단, 시리아, 레바논, 이라크 등 아랍 국가들이 이스라엘을 침공했다. 독립전쟁 기간 중에 조직된 이스라엘 방위군은 매우 빈약했지만, 15개월 동안 계속

된 전투에서 승리했다. 사상자 수가 당시 이스라엘 인구의 1%인 6,000여 명을 넘어섰다.

1949년 이스라엘은 유엔의 후원 아래, 이라크를 제외한 나머지 국가들과 휴전 협정을 체결했다. 이로써 해안 평야 지대, 갈릴리, 네게브 사막 지역이 이스라엘의 관할 하에, 유대와 사마리아 지역인 웨스트 뱅크는 요르단의 관할 하에, 가자 지구는 이집트의 관할 하에 들어갔다. 예루살렘은 양분되어 이스라엘이 서부를, 요르단이 구시가지를 포함한 동부를 차지했다.

1967년 5월 이집트는 시나이 사막으로 군대를 이동시키고, 1957년 이래 그 지역에 주둔한 유엔 평화유지군에게 철수를 요구했다. 티란해협에 대한 봉쇄를 재개하고, 요르단과 군사 동맹을 체결했다. 1956년 시나이 분쟁 뒤 합의된 협정을 회복하는데 실패함에 따라 이스라엘은 자위권을 발동해서, 1967년 6월 5일 남부 이집트에 선제공격을 개시했다. 이어 동부의 요르단에 반격을 가하고 북부 골란에 진을 치고 있던 시리아 군을 몰아냈다. 6일 전쟁 후 이스라엘이 유대, 사마리아, 가자, 시나이 반도, 골란고원을 점령했다. 이로써 티란해협 통과가 확보되고, 1949년 이래 이스라엘과 요르단 간에 양분되었던 예루살렘이 재통합되었다.

1970년 이스라엘과 이집트가 휴전에 동의한 후 3년간 지속된

평화는 이집트와 시리아가 이스라엘을 기습 공격한 1973년에 깨졌다. 1973년 10월 6일 이집트 군대가 수에즈 운하를 건너고 시리아 군대가 골란고원을 돌파했다. 3주 후 이스라엘은 전세를 역전시켜 수에즈 운하를 넘어 이집트에 진격하고, 시리아 수도 다마스쿠스 20마일 부근까지 육박했다. 2년간의 교섭 끝에 이스라엘과 이집트, 이스라엘과 시리아 간에 철군조약이 체결되어 이스라엘은 점령지 일부에서 철수했다.

1948년 독립전쟁 이후 설정된 레바논과의 국경은 비교적 평온했다. 그러나 팔레스타인해방기구PLO가 1970년 요르단에서 쫓겨나 레바논으로 거점을 옮기면서 레바논 남부의 PLO로부터 총격, 로켓 공격, 테러 행위가 빈발해졌다. 이스라엘 군은 1982년 6월 국경을 넘어 레바논으로 진입했다. 일명 '갈릴리 평화작전'으로 이스라엘은 남부 레바논의 PLO조직과 하부 군사조직을 제거했다. 레바논 남부를 안전지대로 설정하고 1985년 초까지 제한된 수의 군대만 남기고 대부분의 이스라엘 군이 레바논에서 철수했다.

2006년 1월 팔레스타인 테러를 이끌었던 하마스Hamas가 총선에서 승리함으로써 2007년 3월 팔레스타인 국민 통합정부가 출범했다. 그러나 2007년 6월 하마스가 가자지구를 완전 장악함으로써 통합정부는 가자지구의 하마스 정부와, 서안지구의 마무드 아바스Mahmoud Abbas 수반이 이끄는 팔레스타인 정부로 분열되었다. 가자지구의 하마스 정부는 국제 사회의 3대 조건인 이스라엘 승인, 테러포기, 이전 합의 준수 등을 수용하지 않아서 국제 사회의 제재 조치가 가해졌다. 그리고 자살테러, 로켓 공격 등에 대응하기 위한 이스라엘의 군사작전이 지속되었다.

이스라엘은 2008년 12월 27일 가자지구 하마스에 대한 군사작전을 개시해서 하마스를 타격했다. 이 작전이 종료된 2009년 1월 18일 이후에는 가자지구에서 이스라엘을 향해 발사되던 로켓수가 급격히 감소했다.[26]

이스라엘과 이란 핵개발

이란의 핵개발 문제는, 2002년 8월 이란의 반체제 조직이 "IAEA에 신고하지 않은 우라늄 농축 공장이 존재한다."고 폭로하면서 시작됐다.

이란의 핵개발에 가장 강력히 반발한 것은 당연히 이스라엘이다. 이스라엘은 이란 핵시설에 대한 공격을 계획했다. 이스라엘의 공격이 임박했다는 보도가 2004년 이후 미국과 이란 간의 핵협상이 타결될 때까지 이어졌다.

2007년부터 2013년까지 국방장관을 지낸 에후드 바라크 전 이스라엘 국방장관은 이스라엘 방송 채널 2가 입수한 인터뷰 녹취록에서 "이스라엘 정부가 이란 핵시설 공격을 계획했다." 고 밝혔다. AP통신은 "2010년 네타냐후 총리와 자신이 이란 핵 시설에 대한 공격을 지지했지만, 군 참모총장의 반대에 부딪혀서 무산됐다."고 한 그의 발언을 보도했다.[27)]

2015년 7월 14일, 이란 핵 협상이 마침내 타결됐다. 미국, 영국, 프랑스, 독일, 중국, 러시아 등 6개국과 이란은 오스트리아의 빈에서 열린 최종 협상에서 이란의 핵 개발 프로그램을 제한하는 대신 이란에 가해졌던 각종 제재 조치를 해제하는 내용에 합의했다.

그러나 이스라엘은 이란의 핵개발 프로그램 진행 의혹을 여전히 제기하고 있다. 역사 속에서 수많은 외세 침략과 국가 몰락을 경험하고, 지금도 잠재적국들에게 둘러싸여 있는 이스라엘은 자국의 안보가 최우선 순위일 수밖에 없고, 이것이 핵무기 보유의 절대 절명의 이유임은 두말할 필요가 없다. 이스라엘은 독립을 도운 영국이든, 늘 이스라엘 편을 드는 미국이든 누구도 믿지 않는다. 오직 스스로의 힘만이 스스로를 지켜준다는 신념을 세상의 다른 어떤 것과도 바꾸지 않는 것이 이스라엘이다.

이스라엘의 핵보유와 'NCND정책'
Neither Confirm Nor Deny Policy

이스라엘은 이스라엘을 혐오하는 중동국가들에 둘러싸여 있다. 이스라엘은 1948년 5월 14일 독립을 선언한 바로 다음날인 15일 이집트, 요르단, 이라크, 시리아, 레바논 연합국의 침략으로 1차 중동전쟁을 맞고, 이후 3차 전쟁을 거치면서 오히려 영토를 크게 확장, 팔레스타인을 지배하게 된다.

이런 과정은 이스라엘에 대한 적대감을 더욱 강하게 만들었다. 인구, 국토, 석유 매장의 모든 면에서 열세인 이스라엘은 핵무장을 선택했다.

NCND는 핵무기 보유사실을 시인도 부인도 하지 않는 이스라엘의 독특한 정책이다. 이스라엘은 중동국가들의 군사적 위협이 높아지면 핵무기가 있다는 태도를 보인다. 그러나 이스라엘의 핵무장을 비난하거나 중동국가들의 핵무장 가능성이 엿보이면 핵무기가 없다는 입장을 취한다.

잠재적국들의 침략과 공격을 종국적으로 핵무기로 억지, 방어하되, 그들에게 핵무기 개발의 빌미는 주지 않는다는 계산에서 나온 전략이다.

계속 중인 NCND정책

2006년 12월, 에후드 올메르트 이스라엘 총리는 독일을 방문, 메르켈 독일 총리와 중동평화 방안과 이란 핵문제 등을 논의했다.

회담 후 그는 기자회견에서 "이스라엘은 중동에서 핵무기를 도입하는 첫 번째 국가가 되지는 않을 것이며 그것이 우리의 정책이고, 그 정책은 변하지 않았다."라고 했다. 그는 앞서 가진 독일 방송과의 회견에서 "이란이 미국, 프랑스, 이스라엘, 러시아처럼 핵무기를 가지려 하고 있다."고 발언해 이스라엘의 핵무기 보유를 공식 인정한 게 아니냐는 논란을 야기했다.

논란이 일자, 올메르트 총리는 이스라엘의 핵무기 보유 여부에 대해 "더 이상 설명할 필요가 없다."며 시인도 부정도 하지 않는 'NCND' 입장을 유지했다.[28)]

22
핵 스토리텔링

인도와
파키스탄의 교훈

오늘날 세상 사람들의 건강에 가장 큰 위협은
암이 아니라 각국 정부의 외교정책이다.

– 노먼 커즌스 Norman Cousins

인도의 핵개발

인도의 핵개발은 1944년 봄베이에 타타Tata기초과학연구소를 설립함으로써 시작되었다. 인도 원자력위원회는 많은 과학자들과 기술자들을 캐나다, 미국, 영국으로 기술 연수를 보냈다.

인도는 캐나다가 건설해 준 연구용 원자로로부터 플루토늄을 추출해서 핵무기를 개발했다. 1974년 5월 18일 구즈라뜨사막에서 '미소 짓는 부처' Smiling Buddha라는 이름을 붙인 15킬로톤 규모의 핵기폭장치 실험에 성공했다. 이 핵폭발 실험은 캐나다와 미국이 평화적 목적으로 지원한 시설을 핵폭발 실험으로 전용한 것이라서 세계적인 파장을 불러 일으켰다.

주목할 사실은 인도의 핵보유가 미국과 소련의 사실상의 용인아래 이뤄졌다는 점이다. 미국은 중국을 견제하기 위해서, 소련은 파키스탄을 견제하기 위해서 인도의 핵보유를 허용했다. 다른 국가들의 핵보유를 막는 것이 핵초강대국의 중대 이익이지만, 더 크고 중대한 자국 이익이 생기면 다른 생각, 다른 선택을 하는 것이다.

파키스탄의 핵개발

파키스탄의 핵개발 동기는 인도와의 군사적 갈등과 위협에 있었다. 파키스탄은 1965년 카슈미르에서 인도에게 패하고, 1972년 동파키스탄의 분리 독립 전쟁인 방글라데시 전쟁에서 인도에게 또 패했다. 인도의 지원으로 동파키스탄은 방글라데시로 독립했다. 이후 인도는 서남아시아의 맹주가 되고, 파키스탄의 두려움은 더욱 커졌다.

1973년 대통령이 된 부토는 핵프로그램을 시작했다. 파키스탄의 '핵의 아버지'로 불리는 압둘 카디르 칸 박사가 주축이 되었다. 1970년대 후반, 칸 박사는 부토 대통령의 후원아래 독일과 영국에서 우라늄 농축 기술과 장비를 수입하고 중국에서 원폭 설계를 들여왔다. 중국은 인도를 견제하기 위해서 파키스탄의 핵개발을 도운 것이다.

부토의 핵 개발은 미국의 저지를 받았다. 이후 쿠데타로 집권한 지아 울 하크도 핵 개발 의지를 버리지 않았다. 그러던 중 세계정세에 큰 변화가 생겼다. 소련군이 아프가니스탄을 침공한 것이다. 미국은 아프가니스탄 반군을 지원하는 기지를 파키스탄에 세웠다. 파키스탄이 미국의 매우 중요한 동맹국이 된 것이다. 미국은 파키스탄의 핵 개발을 묵인했다.

1985년 10월, 마침내 파키스탄은 핵무기를 만들 수 있는 수준으로 우라늄을 농축하는 데 성공했다. 미국 의회의 원조 중단 논쟁에도 불구하고, 레이건 대통령은 1986년 10월 파키스탄이 핵무기를 가지고 있지 않다며 원조를 계속하라고 승인했다.

파키스탄은 인도에 이어서 핵초강대국의 국가이익 계산에 따른 묵인아래 핵무기를 보유한 국가가 되었다.

국제정치의 속성

도덕과 윤리도 국제정치학의 주제 중 하나다. 그러나 매우 하위적인 주제다. 대부분의 국제정치학자들은 국제정치 속의 국가 간 관계를 약육강식이 지배하는 세렝게티와 같다는데 동의한다.

그래서 국제정치학의 가장 중요한 주제는 국가이익과 군사력의 힘이다. 일면, 북한의 핵보유가 국제사회에서 용납되지 않는 것은 이것이 미국과 러시아라는 핵초강대국과 중국이라는 핵강대국의 이익에 부합하지 않기 때문이다.

인도와 파키스탄의 핵보유는 핵무기를 개발할 당시의 국제 및 지역 정세가 그들의 보유를 용인하는 것이 핵초강대국 특히 미국의 국가이익에 부합했기 때문이다.

국제정치가 이처럼 이익과 힘에 의해 좌우되는 것을 도덕적으로 비난만 하고 현실적인 조처, 즉 자신의 이익을 찾고 이를 위해 힘을 기르려는 노력에 최선을 다하지 않는 것은, 그것이 오히려 국가와 국민에 대한 죄악이다.

국제정치에서 국가의 도덕성은 국가와 국민의 안위를 보전하는데 있다. 그래서 국제정치학의 가장 중요한 주제는 안보와 외교다. 국가와 국민을 보호할 구체적인 이익을 철저히 설정하고 이를 실현할 힘을 길러야 한다. 이 때, 외교를 통해서 잠재적국의 적대적 행동을 억지하고, 모자라는 힘을 보완할 확실한 동맹국을 만드는 것도 필수불가결한 국력의 요소다.

23
핵 스토리텔링

미국의
전략방위구상SDI

정부의 가장 중요한 임무는 국민을 먹여 살리는 것이 아니다
국민을 보호하는 것이다.

– 로널드 레이건 Ronald Wilson Reagan

레이건
미국 대통령

로널드 레이건 대통령은 미국인들이 가장 사랑하고 존경하는 대통령 중 한 사람이다. 그의 장점은 인자하고 친근한 미소, 그리고 국민과의 소통에서 나온다.

전임자인 지미 카터 대통령은 미국과 소련 간의 핵무기 경쟁에서 미국을 위태롭게 만들었다. 대통령 선거에서 현직의 카터에 맞선 레이건 후보는 '강력한 미국, 위대한 미국의 회복'을 외치며 대통령에 당선됐다.

미·소 전략무기 경쟁은, 1945~57년의 미국 우위와 비취약성의 시기, 1957~62년의 미국의 비취약성에 소련이 도전하는 시

기, 1962~70년의 미국 우위에서 미·소 평행으로 바뀌는 시기, 1970~77년의 미·소 평행과 군비통제의 시기, 그리고 1977~81년의 카터 대통령 재임 동안 평행추가 소련으로 기울지 않았는지 의심이 제기된 시기로 구분한다.

소련의 핵전력이 미국을 앞섰다는 인식이 퍼지면서 미국인들의 안보 불안이 높아졌다. 레이건은 대통령이 되자 소련의 핵전력 우세를 일거에 뒤집기 위해 '전략방위구상'Strategic Defense Initiative: SDI을 추진했다. 전문가들은 소련이 레이건의 SDI에 대응하기 위해 무리하게 군사비를 쓰다가 경제가 파탄나고 결국 붕괴에 이르렀다고 평가하기도 한다.

카터와 레이건

1970년대 초반부터 시작된 미·소 군비통제 회담과 협정의 체결은 미·소 데탕트 분위기를 만들었다. 이것은 소련의 군비팽창 가능성에 대해 미국이 경계심을 늦추는 결과를 가져왔다.

카터 대통령은 인권 중시 외교, 힘보다는 대화와 타협을 강조한 외교정책을 추구했다. 소련은 겉으로는 대화를 하고 안으로는 핵군비를 강력히 증강해서 미·소 전략무기 균형추를 소련에 유리하게 바꾸려했다. 국제정치의 현실을 무시한 카터의 이상주의 외교의 패착인 것이다. 1970년대 말, 많은 미국인들이 전략무기의 평형상태를 위협하는 소련의 일방적인 핵군비 증강을 크게 우려했다. 카터 대통령에 대한 실망은 '강한 미국, 위대한 미국'을 주창한 레이건 후보의 승리로 귀결되었다.

레이건 대통령은 소련 쪽으로 기운 듯 보이는 전략무기 균형을 미국 쪽으로 확실히 돌려놓기 위해서 많은 반대에도 불구하고 원대한 전략방어계획인 SDI를 추진했다.

SDI

1983년 3월 레이건 대통령이 시작한 미국 국방성의 'ICBM 방어장비 개발계획'이 SDI이다.

적의 ICBM을 발사의 초기단계에서부터 탐지, 포착한 뒤 추적해서, 탄도 초기, 중기 또는 재돌입 때 이를 격파하는 계획이다. 적이 핵미사일을 발사하면, 레이저로 이를 격파하는 방식이다. 날아오는 적의 미사일을 미사일로 맞추어 떨어뜨리는 기존의 방식에 비하면 시간과 비용에서 엄청난 혁신이 이루어지는 것이다.

당시 어마어마한 규모의 소요 예산과 기술적인 어려움 등으로 개발계획에 대한 반대 여론이 높았다. 소련의 반발도 거셌다. 이런 이유로 예산이 삭감되는 등 어려움이 많았으나, 실제로는 오늘날까지 차근차근 진행되어 왔다.

1989년 4월 레이저무기 '알파'가 고출력 시험에 성공하고, 컴퓨터 조종의 열 추적 미사일 '브릴리언트 페블스'Brilliant Pebbles가 운동에너지로서의 실험에 성공한 것이 이런 진행의 과정을 잘 보여준다.

레이저무기들의 등장

여러 종류의 레이저무기 등장은 레이건 대통령의 SDI 추진의 성과다. 미 해군은 2013년 4월 8일, 미사일 장착 구축함 '듀이'USS Dewey에 레이저무기시스템 Laser Weapon System:LaWS을 탑재했다. LaWS는 미 해군이 6년 동안 4,000만 달러 이상을 투입해서 개발한 '대 공해 최첨단 레이저무기'다.

이 레이저 무기의 가장 큰 장점은 경제성에 있다. 미국의 대표적 단거리 공대공 미사일인 'AIM-9 사이드와인더'를 한 발 발사하면 47만 달러(단순 미사일 단가는 기당 85,000달러)가 날아간다. 그런데, LaWS는 한 번 발사하는데 놀랍게도 단 1달러만 든다.

한 컵의 디젤 연료만 있으면 박격포탄이나 드론을 격추시키는 것이 가능하다. 이스라엘의 미사일 방어체계는 4,000달러짜리 적의 무인항공기를 격추시키기 위해서 200~400만 달러짜리 미사일을 쏜다. 이에 비교하면 레이저무기가 얼마나 말도 안 되게 저렴한지를 알 수 있다.

록히드마틴사의 '공중탑재 항공광학 빔 조정'Aero-adaptive Aero optic Beam Control: ABC과 보잉사의 '고에너지레이저이동발사기'HEL MD 등 레이저포 두 종류도 이미 등장했다. ABC는 항공기에 탑재해서 운용하는 레이저포이고, HEL MD는 지상에서 적 항공기, 미사일 등을 요격할 수 있는 방공무기다.[29]

미래와 한국

24
핵 스토리텔링

우주전쟁,
핵전쟁

1999년, 나는 미 공군 조종사이자 전 공화당원이었던
브루스 개그넌의 초청을 받아,
플로리다에서 열린 한 모임에 참석했는데
모임의 주제는 우주의 무기화였다.

– War in Heaven: The Arms Race in Outer Space 책 중에서[30)]

우주는 미래 전장

미국, 러시아, 중국 등 강대국들이 우주 기술 개발에 열을 올리는 것은 단순히 미지의 세계이자 미개척지인 지구 밖 세계에 대한 관심 때문만은 아니다.

우주 기술 개발은 지상 400km 위 공간을 이 공간에서뿐만 아니라 지상에서의 군사적 절대 우위 확보에 활용할 수 있기 때문이다. 미국과의 패권 경쟁을 본격화하고 있는 중국은 로켓군을 육해공에 이은 제4병으로 독립 창설하고, '우주군'을 만들어 '우주전쟁'의 대비에 박차를 가하고 있다.

한국 국방부는 2015년 말에 우주전 수행 기반 구축 계획을 발표했다. 국방사이버기술 연구개발센터를 설립해서 우주 위협 대응능력을 강화하고 한·미국방우주발전TTX(운용연습)를 신설해서 우주전 수행 기반을 구축한다는 것이다.[31]

지금의 전쟁도 인공위성이 승패에 결정적 역할을 한다. 군대의 이동, 정밀 타격, 특수전 등 모든 군사 작전에 GPS가 필수적이다. 만약, 어떤 나라가 최강 킬러 위성을 보유함으로써 다른 나라의 주요 위성을 파괴하는 능력을 확보하면 위성이 없는 나라는 백전백패다.

신무기 기술

대기권 밖 공간에서 적국의 미사일과 지상 무기들을 효과적으로 파괴할 수 있는 위력적인 레이저 무기를 독점하는 국가는 미래전쟁에서 절대 우위를 차지하게 된다.

2015년, 록히드마틴은 고속 항공기에 탑재할 수 있는 전 방향 발사 레이저 무기 ABCAero-adaptive Aero-optic Beam Control를 공개한 바 있다. 미국 공군연구소AFRL는 2020년까지 레이저포를 장착한 전투기를 선보일 수 있도록 시험 중이라고 밝혔다. 영국 BAE시스템스의 차세대 전투기는 레이저빔과 자가 회복 기능이 들어있어서 영화 '트랜스포머'를 방불케 한다. 미국의 노스롭 그루먼 역시 스텔스 기능에 초음속 비행이 가능하며 레이저를 이용해서 표적을 파괴하는 차세대 전투기의 컨셉을 공개했다. 레이저 무기는 아직 시작 단계지만, 10년 내에 영화에서 보던 장면들이 현실이 될 것으로 전문가들은 전망하고 있다.

극초음속 제트기 스크램제트Scramjet: Supersonic combustion ramjet도 우주무기로 개발 중인 주목받는 무기다. 2004년에 개발을 시작, 2013년에 시험 비행을 했다. 2020년대 초반에는 실전 배치될 것으로 예상하는데 마하 5.1의 속도다. 비교하기 쉽게 말하면, 총알 속도는 마하 2이고 가스터빈 엔진은 마하 2.5가 속도의 한계다. 대기권 밖에서의 속도는 마하 18이고, 레이저 빔 무기를 장착하고 있다. 록히드마틴은 2030년 실전 배치를 목표로 마하 6의 극초음속 정찰기 SR-72를 개발 중에 있다.

무기 발전은 우주무기의 개발 경쟁 시대로 진입했다. 미사일 주도의 전장이 레이저 주도의 전장으로 바뀌는 중이다.

핵전쟁은 가능할까?

핵전쟁의 가능성은 네 가지 변수에 달렸다. 그 중 세 가지를 먼저 살펴보자.

첫째, 억제하는 힘이다. 이 힘은 핵보유국들이 주도하고 있는 수평적 핵확산 방지가 골격이다. 미국, 러시아, 중국 등은 크고 작은 국제문제에서 사사건건 대립하지만, 그들만이 누리는 핵 패권적 지위의 유지에는 공동이해를 갖고 있다. 미국에 버금가는 패권을 노리는 중국도 자신의 미래 패권을 약화시키는 핵확산은 용납할 리 없다. 핵확산을 막는 기존 핵보유국들의 힘과 결속이 관건이다.

둘째, 비이성적 독재자의 등장이다. 비이성적 독재자는 생각보다는 자주 나타난다. 문제는 강력한 힘을 가진 국가에 비이성적 독재자가 등장하는 것이다. 확률이 높지는 않다. 가장 대표적인 예가, 로마의 네로와 독일의 히틀러다. 네로 재위는 54~68년이고, 히틀러는 1933년 독일 수상, 1934년 독일 총통이 되고 1945년 사망했다. 역사 속에 있으므로, 불가능은 아니다.

셋째, 기술적 요소다. 사찰과 감시가 불가능한 비밀 핵 활동이 핵안전사고의 가능성을 증대시키는 점, 궁핍한 나라가 핵을 보유할 때 상대가 국가든 테러집단이든 핵물질, 핵기술, 핵무기를 판매하려는 유혹이 커진다는 점, 대량파괴의 전략핵무기가 아니라 테러나 전장에서 사용할 소규모 전술핵무기의 제조와 그 기술의 고도화, 그리고 시간이 갈수록 핵무기 제조의 기술이 보편화될 가능성 등이 여기에 속한다.

핵테러

핵전쟁의 네 번째 변수는 테러집단에 의한 핵무기 사용이다.

2001년 10월 11일 아침, 조지 부시 대통령은 한 달 전의 9·11 테러보다 훨씬 심각한 보고를 들었다. CIA의 조지 터넷George Tenet 국장은 알카에다Al Qaeda가 러시아로부터 훔친 10kt 핵폭탄을 가지고 있고 이 핵폭탄이 지금 뉴욕에 있다는 코드명 드래곤파이어의 보고를 전했다. CIA는 이 보고가 사실인지를 확인할 방법도, 사실이 아니라고 무시할 근거도 갖고 있지를 못했다. 러시아 무기고가 10kt 핵폭탄을 많이 보유하고 있었는가? 예스. 러시아 정부는 옛 소련이 만든 모든 핵무기의 소재를 파악하고 있는가? 노. 알카에다가 한 개 이상의 이 핵무기를 확보했을 가능성은 있는가? 예스. 알카에다가 이 핵무기를 뉴욕으로 몰래 들여왔을 가능성이 있는가? 예스.

그레이함 앨리슨Graham Allison의 저서 '핵테러리즘Nuclear Terrorism'

의 시작 부분이다.[32] 테러에 핵무기가 사용될 가능성에 대한 공포를 잘 보여주는 스토리다. 테러집단의 핵무기 보유는 만들거나 사는 경우 두 가지다. 아직까지는 제조도 구입도 쉬운 일이 아니다. 그러나 사용 의지를 두고 말한다면, 가능성이 있다. 자살폭탄을 마다하지 않는 테러조직은 핵무기 사용을 금기시할 가능성이 높지 않다. IS처럼 급진주의 테러집단은 위협의 사실성을 보여주기 위해 핵무기 사용을 꺼리지 않을 것으로 보인다. 게다가 유의할 사실은 테러전쟁이 전쟁의 일반적인 양상이 되어가고 있다는 점이다.

핵전쟁은 가능하다

인간 세상에 핵전쟁이 일어날 가능성은 상존한다. 아직은 억제하는 힘이 강하고 앞으로도 긴 기간 동안 이 힘은 유효할 것이다. 그러나 테러전쟁과 기술의 보편화는 이 억제력을 비껴가는 힘을 증대시킬 것이다. 그래서 언젠가 등장할 큰 힘을 가진 국가나 집단의 비이성적 지도자가 핵무기를 사용할 가능성은 있다. 즉 핵전쟁은 미래에 일어날 가능성이 있다고 본다. 소위 '내다보이는 미래'foreseeable future는 아닐지라도 언젠가는 전쟁에 핵무기가 사용될 것이다.

특히, 국지적으로 사용될 가능성이 높다. 2015년10월 미국은 'B61-12'라는 이름의 정밀 유도 핵무기를 실험한 것으로 밝혀졌다. 꼬리 부분에 컴퓨터 시스템이 장착돼 지하에 매설된 핵실험 갱도나 무기고를 정밀 타격할 수 있다. 미국 정부는 민간 희생을 최소화하면서 핵억지력을 높일 수 있는 무기라고 주장했지만, 선제공격용으로 사용될 수 있을 것이다. 그래서 중국과 러시아는 이 실험을 맹렬히 비난했다.[33]

일어나서는 안되는 일이지만, 국지전에서의 핵무기 사용이 핵무기의 전면전으로 확대될 가능성도 배제할 수 없다. 인류는 가능한 그 시점을 미루도록 최대한 노력해야 한다.

25

핵 스토리텔링

아,
대한민국

분별없이 행동하지 말고
산처럼 무겁고 조용하게 일을 해야 한다.

– 성웅 이순신

국제정치의 진리

개인이 주된 구성원인 국내사회는 법과 제도가 지배한다. 법과 제도에 어긋나는 행동은 평상시 경찰력, 비상시 군사력의 제재를 받는다.

그래서 국내사회에서는, 힘이 있다고 해서 대놓고 힘으로 이익을 챙기지는 못한다. 물론, '갑질'이란 단어에서 보듯, 국내사회에서도 은밀하고 교묘하게 힘을 통한 이익 실현이 일어나기도 한다.

그러나 국제사회는 완전히 다르다. 국가가 주된 구성원인 국제사회는 세렝게티다. 약육강식의 자연 법칙이 지배한다. 아프리카 초원에서 사자가 약한 동물을 잡아먹어도 도덕적으로 비난받지 않는다. 그것이 자연 상태의 특성이다. 거기엔 법도 제도도 없고, 경찰과 군대처럼 질서유지의 객관적 집행자도 없다.

물론, 국제사회에도 도덕이 존재한다. 그래서 독재국가의 인권유린이 규탄되고, 강대국이라도 군사력 사용의 명분을 확보하려고 노력한다. 그러나 도덕은 부차적 요소일 뿐이다.

힘 있는 국가는, 반드시 실현할 이익이 있을 때 가차 없이 무력을 사용한다. 21세기 첫 번째 전쟁이 미국의 이라크 공격이었고, 2014년 러시아는 크림반도를 무력 병합했다.

우리나라와 한민족을 설명할 때, 다른 나라를 침략한 적이 없는 평화애호주의를 교과서가 강조한다. 그런데, 그게 과연 자랑스러운 일이냐는 항변을 종종 듣는다. 먼저 침략하지 않은 것이 창피하다는 말이기 보다, 늘 침략만 당해 수많은 인명이 살상되고 재산이 불탄 것밖에 없는 역사, 왕은 백성을 버리고 먼저 도망친 역사에 화가 난다는 표현일 것이다.

21세기 한국

21세기의 세 번째 십년을 앞둔 한반도의 주변 정세는 그 어느 때보다도 불안정하다. 국제정세는 불안정과 안정을 반복한다.

냉전시기 동안, 한국, 미국, 일본이 같은 편, 소련, 중국, 북한이 같은 편을 먹은 채, 서로 살벌하게 총부리를 겨누었다. 그러나 이런 남방삼각관계 대 북방삼각관계의 대립이 워낙 팽팽했기 때문에 오히려 분쟁은 없었다.

무력 충돌과 분쟁의 가능성은 불안정 상태에서 훨씬 높아진다. 냉전이 무너진 1991년, 러시아는 과거의 힘을 상실했고 중국은 힘쓸 근육이 없던 시기였다. 그래서 미국은 도전을 불허하는 막강한 군사력, 전 세계 GDP의 1/4를 차지하는 경제력, 그리고 세계 정치와 경제 운용의 장악력 등을 바탕으로 세계유일초강대국의 지위를 확보했다.

그러나 중국이 대규모 경제성장과 기술발전을 바탕으로 급속한 군사력 증강을 도모하자, 미국은 중국의 힘이 걷잡을 수 없이 커지는 것을 막기 위해서 '아시아로의 회귀'Pivot to Asia를 선언했다. 일본은 이런 정세 변화의 틈새를 영리하게 비집고 '집단자위권 법안'을 통과시켜 힘을 통한 국가이익 실현이 가능한 국가로 다시 일어섰다.

미국은 앞으로도 상당기간 동안 패권적 지위를 유지할 것이다. 그런 한 편, 중국과 일본은 군사적 능력을 막강하게 증강하면서, 특히 중국은 미국 중심의 현 동북아 질서에 도전하고 자국에 유리한 변경을 위해 모든 기회를 활용할 것이다.

이것이 지금 벌어지고 있는 한반도 정세의 불안정의 주요 원인이자 내용이다. 북한의 핵무기 증강도 심각하지만, 크게 보면 중국과 일본의 군사대국화, 러시아의 확장이 더 위협적이고 심각한 요인이다.

이런 불안정성에 우리는 어떤 대비를 해왔는가. 중장기적 미래를 직시하고 미리미리 대처하는 능력을 발휘하고 있는가. 미래 무기의 개발 경쟁에서 아예 한 단계 뒤처져 있는 현실을 어떻게 타파할 것인가.

핵무기 이해의 교훈

지금까지 우리는 핵무기에 대해 기본적이지만 핵심적인 내용을 살펴보았다. 핵무기는 여전히 인류 사회의 절대무기다. 그래서 핵무기가 사용되는 전쟁은 상상하기가 어렵다.

그러나 기절초풍할 새로운 무기들의 등장, 소형 핵무기의 등장, 어떤 행동도 서슴지 않는 극악한 테러집단의 등장 등은 핵전쟁이 반드시 불가능할 것이라고 말하지 않는다. 이 책에서 핵무기를 살펴봤지만, 우리는 핵무기에 머물지 말고 미래를 향한 여러 가지 변화들에 관심을 두어야 한다. 미국은 향후 30년동안 1조 달러를 들여서 기존 전략핵무기 시스템을 완전히 새로운 시스템으로 바꾸고 일부는 새 부품으로 전면 업그레이드할 계획이다.

근대주의Modernism 얘기를 잠시 하자. 프란시스 베이컨에서 시작된 자연 관찰에서의 근대적 사고는, 계몽사상이라는 사회 관찰에서의 근대적 사고로 이어졌다. 그리고 이 근대적 사고가 과학기술이 인간의 삶을 혁신한 산업혁명을 만나면서, 인간은 지상낙원의 건설을 꿈꾸게 됐다. 민주주의나 공산주의를 향한 열망이 바로 지상낙원에 대한 정치적 추구다.

인류는 근대적 사고와 과학기술 혁명을 체험하면서, 죽음 이후가 아닌 살아있는 세상에서의 이상사회 건설을 꿈꾼 것이다. 이것이 바로 현대를 포함하는 근대주의, 모더니즘의 역사 단계다.

근대주의를 비판하는 사상이 후기근대주의Post Modernism다. 후기근대주의자들은 "근대주의가 낙원이 아니라 지옥을 만들었다."고 맹렬히 비판하고 있다. 지옥이 된 근거로서 핵무기를 비롯한 대량살상무기의 개발과 계속되는 무기 발전, 그리고 지구 온난화 등의 지구생태계와 환경파괴를 지적했다. 인류가 의지한 근대주의는 계속해서 괴물을 만들고 있는 것이다.

선택 그리고 한국

우리 한국은 근대주의니 뭐니 하는 그런 고급스런 얘기를 할 여유가 없다. 우리국가의 운명을 좌우할 현재의 불안정한 정세, 잠자는 사이에 도적처럼 닥칠 더 크고 심각한 안보 위기, 이미 입을 크게 벌리고 있는 경제위기, 그리고 지금과 다른 차원의 미래 위기에 대비해야 한다.

주변 강국들은 황새처럼 달리는데, 우리는 뱁새처럼 걷고 있다. 다리 찢어지게 황새처럼 걷자는 것이 아니다. 황새가 되는 새로운 길을 찾든지, 뱁새일지언정 영리한 뱁새가 되어야 한다.

이 책을 읽어 준 독자들께 진심으로 감사한다. 앨런 케이Alan Curtis Kay의 말로 책을 마무리 한다. "미래를 예측하는 최선의 방법은 미래를 스스로 만드는 것이다The best way to predict the future is to invent it."

부록

| 흥미 있게 읽으셨다면, 실력 발휘를 해보세요. |

◎ **다음 각 진술이 옳으면 O표, 틀리면 X표를 (　　　)속에 넣으세요.** (각 정답 10점)

1. (　　) 탄두가 TNT폭탄인 미사일은 재래식무기에 속한다.
2. (　　) MIRV missile은 탄두 하나에 여러 개의 독자 항로 핵폭탄을 장착하고 있다.
3. (　　) 지상에서 발사하는 탄도미사일의 영어 약칭은 GLCM이다.
4. (　　) 적의 핵무기를 먼저 완파할 수 있는 능력은 '제2타격력'이다.
5. (　　) START는 SALT의 진보라고 할 수 있다.
6. (　　) 일본은 핵무기 개발능력을 숨기기 위해 NCND 정책을 쓰고 있다.

◎ **(　　　) 속에 적당한 말을 넣으세요.** (괄호 당 10점)

1. 가공할 핵무기 능력의 두 국가가 서로에 대해 전쟁을 벌일 수 없는 상태를 (　　　　　　　　　)(이)라고 한다.
2. 대량살상무기 확산방지구상의 영어 약칭은(　　　　)(이)다.
3. 사정거리가 5500 km 즉 3500 mile이상인 대륙간탄도미사일의 영어 약칭은 (　　　　　　　　　)(이)다.
4. 핵무기를 이미 보유하고 있는 기존 핵 국가들이 새로운 기술개발과 핵실험을 통해 핵무기의 성능과 능력을 증대시키는 것을 (　　　　　　　　　)(이)라고 한다.

| 정답은 |

◎ O, X 넣기

1. O
2. O
3. X
4. X
5. O
6. X

◎ (　　) 넣기

1. 공포의 균형
2. PSI
3. ICBM
4. 수직적 핵확산

각주

1) 하바드핵연구단 저, 강성학·정천구 역,『핵시대를 어떻게 살것인가』, 서울:정음사, 1985 참조.

2) 정확히 말하면, 비정상적 핵반응이 열을 발생시키고 이 열은 감속재인 냉각수를 열분해시켰는데, 여기서 발생한 수소가 원자로 내부에서 폭발을 일으켰다.

3) 국제원자력사고척도INES: International Nuclear Event Scale가 분류한 사고 등급.

4) 이들의 사망이 방사능 피폭과 직접적인 관계가 있는지는 입증되지 않았다.

5) 세계일보 2015.10.9.

6) 제1방호벽인 펠렛과 제2방호벽인 피복관이 고온으로 인해 녹아내리고, 제3방호벽인 20cm 두께의 철제 원자로 압력용기도 녹아내려서 구멍이 뚫렸다.

7) 오스트리아 사회학파인 L. 굼플로비츠, G. 라첸호프, F.오펜하이머 등의 주장이다.

8) 다치거나 병든 사람, '전시상병자'라고도 한다.

9) 프리먼 다이슨, 김학영 역,『과학은 반역이다』, 서울:반니, 2015.

10) 리이위,『세치 혀가 백만 군사보다 강하다』, 서울:김영사, 2004.

11) 카이 버드, 마틴 셔윈 저, 최형섭 역,『아메리칸 프로메테우스』, 서울:사이언스북스, 2010.

12) 포신형은 초임계 질량을 달성하는 가장 쉬운 방법이다. 우라늄

-235와 같은 핵물질을 뇌관과 실린더 타겟에 나누어 두었다가, 하나를 다른 하나에 대고 총처럼 쏘는 것이다. 뇌관의 발사로 두 핵물질을 결합시켜 임계 질량을 넘어서게 함으로써 급격한 핵 연쇄 반응이 일어나게 하고 이를 통해서 핵분열에 기반한 폭발이 일어나도록 고안된 핵무기다. 자료:위키백과.

13) 내폭형은 포신형보다 어렵지만 많은 면에서 우수한 결합 방식이다. 아임계 질량을 지닌 핵분열성 물질 주변을 통상 폭탄으로 둘러싸서 안쪽을 향해 폭발시킴으로써 핵분열성 물질을 매우 빠르게 압축시켜 초임계 상태로 만드는 형태의 핵무기다. 자료:위키백과.

14) 보안 작전과 알소스작전의 출처는 위키백과.

15) 카이 버드, 마틴 셔윈 저, 최형섭 역,『아메리칸 프로메테우스』, 서울:사이언스북스, 2010.

16) 내용은 네이버 지식백과.

17) 출처:Federation of American Scientists 2015.

18) http://www.bbc.co.uk/history/worldwars/coldwar/kennedy_cuban_missile_01.shtml.

19) 탄자니아 서부에서 케냐 남서부에 걸쳐 있는 3만 km^2가 넘는 땅이다. 식물, 초식동물, 육식동물이 균형을 이루며 공존하는 자연 그대로의 상태다.

20) 아시아경제 2015.10.31.

21)『함석헌전집』8권에서.

22) 이지스함은 탄도미사일 방어시스템으로, ABM인 RIM-161 Standard Missile 3을 배치하고 있다.

23) Crikey 2014.1.29.

24) 자료:Bulletin of the Atomic Scientists, Thomson Reuters 2014.3.6.

25) 자료:Federation of American Scientists.

26) 이상은 대한민국 외교통상부의 자료:2010년 6월 작성, 이스라엘 개황에서.

27) 경향신문 2015.8.24.

28) YTN 2006.12.13.

29) 헤럴드경제 2014.9.23.

30) 헬렌 캘디컷, 크레이그 아이젠드래스, 김홍래 역, 『우주 무기화 시대의 미래 예측 보고서』, 서울:알마, 2015.

31) 헤럴드경제 2014.12.14.

32) Graham Allison, *Nuclear Terrorism: The Ultimate Preventable Catastrophe*, Holt, Henry & Company, Inc., 2005 참조.

33) B61-12(B61 Model 12)에 대해서는 William J. Broad and David E. Sanger, "As U.S. Modernizes Nuclear Weapons, 'Smaller'Leaves Some Uneasy," New York Times Jan. 11, 2016.